THE SERIES OF FRONTIER

科技前沿书系

SCIENCE & TECHNOLOGY

信息时代与信息产业

邓鸥
邓鹍 著

山西出版传媒集团
山西教育出版社

序

周兴铭

《信息时代与信息产业》一书的作者是年轻有为的邓氏二兄弟，他们一个在北京大学研究经济学，一个在国防科技大学研究计算机，均有很深造诣，对计算机技术和信息产业有浓厚的兴趣和深入的调研，他们的合作使写好本书具备了良好的先天条件。

计算机科学与技术至今才50年的历史，但其发展速度之快、对人类社会各领域（科技、经济、产业、社会生活）影响之深，是空前的。人类社会正进入信息社会，任何国家都面临如何迎接信息化挑战的问题。任何个人不管其主观意愿如果都不得不进入信息领域，都离不开计算机技术。现在，人人都想了解计算机、使用计算机，用计算机来发展自己从事的事业。本书正是顺应这种形势写成的一本好书。

邓氏二兄弟写的这本科普知识读物，收集了大量资料，以生动的语言，深入浅出地为读者介绍了计算机是什么，计算机的发展历史，计算机有什么用，计算机技术的最新发展及计算机应用对社会各领域的影响；还介绍了信息产业的兴起与发展历史，信息产业与国民经济发展的关系，信息产业的内涵与外延，信息业中的社会学问题等。涵盖中外，内容丰富，知识性趣味性强，分析有深度，论述相当准确。它是广大对计算机技术与信息产业有兴趣的读者（学者、企业家、管理人员）的一本很好的综合入门知识书；即使是计算机及信息业的从业人员，其丰富的资料也很有参考价值。

作者写本书的目的之一是想呼吁人们更重视信息产业的发展，愿本书对推进中国信息业的发展能添增一臂之力，愿读者能从中受益。

引　言

不管你是否关心、是否愿意面对，总之我们已经进入了信息时代——一个几分传奇几分残酷的高科技时代，一个属于年轻、创新与挑战的时代。

继以蒸汽机为代表的第一次技术革命和以电动机为代表的第二次技术革命后，20世纪中叶爆发了以计算机为代表的第三次技术革命。计算机发明的初衷是代替人的脑力劳动，它运算速度快、能存储和处理巨量的数据，甚至可以部分地模拟人的智能活动。计算机的出现，首先使人类社会的信息处理方式发生了几乎是彻底的变化；接下来，人们的生活方式、思维方式等都因此发生了巨大的变化，甚至影响到社会的运作结构。从人类社会的发展来看，还没有一种科学技术发展得如此迅速，对社会各方面的影响如此巨大。

现在，世界各国都在努力发展高新技术，因为高新技术附加值高，单位资源能创造更多的社会财富，同时在高新技术上的实力是整个国家竞争力的主要指标。美国的强盛、日本的奇迹、亚洲四小龙的崛起，都雄辩地证明了这一点。高新技术的核心是信息技术，而信息技术的核心又是计算机技术。计算机产业从无到有发展很快，创造了很多传奇故事，尤其是近年微软公司的老板比尔·盖茨荣登世界富翁排名榜首，更是将信息产业的传奇推到极致。毫无疑问，是信息时代造就了这批不修边幅、稚气未脱的百万富翁。

本书的内容是从微电子技术常识讲到计算机的发展，再谈及信息产业及由此产生的国家竞争，争取比较系统地阐述现代信息技术及产业的发展，同时重要的一点是将我国信息产业的发展，也摆到这股世界信息产业发展的浪潮中来考察。最后，我们还将探讨几个饶有趣味的新问题，比如计算机安全问题、国际互联网络上的文化争端、信息立法等等——信息时代里，总是不断冒出引人注目的事情。

如果要归纳本书的基本观点，那我们会毫不犹豫地列出以下三条：1. 现在还不了解信息技术常识，就意味着落后于时代；2. 信息是社会的重要资源，也是社会财富的重要源泉；3. 如果舍弃信息技术的产业化发展，那么信息技术将失去其全部的生命力，国家竞争力的增长也会流于空谈。

需要说明的是，本书不是专著，而是科普读物。它既需要表意准确，又需要行文生动。我们力求做到这一点。但积年的书卷气和写作经验的不足难免出现一些读者不熟悉的东西，希望谅解。我们写这本书的初衷不是要细致入微地描述信息技术与产业，而是要把这些东西的来龙去脉说清楚就行了。我们的真正目的，是利用一切机会宣传以上3个基本观点。理解了它们，就理解了这本书的全部。

本书虽然是科普读物，但这不意味着可以降低写作的严谨性。从某种程度上讲，科普读物要把深奥的科学知识深入浅出地介绍给读者也不是件容易的事，因为科普作品的读者更多，而且他们中的大多数是以一种单纯的心态来了解科学知识。任何对读者的马虎都是不应该的。为此，在写作中，笔者参阅了不少中外文献，约谈了有关专家，目的就是想让这本书更有可读性和启发性。由于水平所限，疏漏和错误在所难免，诚请读者批评指正。

目 录

一

信息时代的来临

1. 谈谈“信息”

在开始滔滔不绝地谈论信息时代之前，让我们首先了解一下“信息”这个概念。是不是一谈起信息就马上让人联想起那令人生畏的高技术呢？其实不然，信息实际上就是一切人类相互交流、沟通的内容的综合，是我们每天都要接触，每天都要面对的事物。比如说语言文字是信息表现形式，报刊书籍是信息记录方式，电视机、电话则是现代人所依赖的信息传播媒介等等。信息本身并不多么的奇妙，真正神奇的是日新月异的信息处理手段。

大凡西方传来的先进东西，总有几位好钻研的国人经过不厌其烦的考据，而得出结论——该物是中国首创！足球、比萨饼等落此命运，“信息”也不例外。据考据，唐代诗人李中在《暮春怀故人》一诗中就有佳句“梦断美人沉信息，目穿长路倚楼台”，这恐怕是人类对“信息”的最早表述。李中九泉有知，也许会比那几位考据者还欣慰，暂且不表。下面，我们再翻出几种“信息”的现代表述来看看：

“信息就是谈论的事情、新闻和知识。”（英国《牛津字典》）

“信息是指对消息接收者来说预先不知道的消息。”（我国《辞海》）

“信息是用来通信的知识，在观察中得到的数据、新闻和知识。”（美国《韦氏辞典》）

以上对“信息”的定义还只能讲是对信息的常识性理解，与本书的“信息”概念不尽一致。在“信息技术”、“信息科学”已成为口头禅的今天，我们所关心的事情，并非信息的抽象定义本身，而是它对社会的巨大影响。在现代生活中，人们越来越认识到“信息”是一种资源：国家掌握国情信息，以适时出台调控政策；商家搜集经济信息，以争取市场主动；政府官员积累业务领域信息，才能当好公仆；而对年轻人来说，十年寒窗掌握的大量知识（信息），则是今后人生道路的最重要资本。至此，不难看出，从“事情、消息”上升到“资源”，我们对“信息”的理解更深刻了，这一点至关重要，可以讲是“信息”概念的核心，只有深刻明白“信息是重要的社会资源”，我们才能迅速理解信息的产业化，信息产业的国际竞争等等一系列问题。常常关心天下事的人应该会同意以下观点——对于资源的争夺和优化利用，从来都是社会发展的最突出问题之一。

人们的信息传播设施建设，远远早于信息概念的产生。万里长城上的烽火台就是信息传播工具，各个烽火台燃起的狼烟，能将“敌人入侵”这一军事信息迅速向后方传达。在秦代出现的驿路和驿站，可以讲是一种全国信息网，是现代邮政系统的雏形。一般来说，古代的信息建设主要用于军事和通信，这与封建社会自给自足、相对封闭的生产方式有关，因为其时商品交易不发达，没有巨量的社会信息需要交换。到了资本主义生产方式大发展时，商品交易成为社会的基本要求，社会信息的传递才开始体现出其意义来。也就是在这个时候，出版业、印刷业、电讯业等信息行业在人们的日常生活中越来越重要了。

几千年来，人的生理构成变化很小，但对客观世界的改造能力却提高了很多。这一方面是人类利用和改进工具的结果，另一方面是人类信息处理能力提高的结果，我们可以将大量的知识积累继承，这样一代比一代更聪明更有能力。我们注意到，不仅信息的内涵在变化，而且更有意义的是，信息的载体和处理方法也日新月异——从笔墨纸砚到广播电视，到个人计算机，再到区域网、国际互联网（Internet）等，这些奇妙的现代工具，将人们的感知空间扩大了何止千万倍！这是信息技术发展的结果，信息技术以计算机为核心，融通信、信息处理技术为一体，是当代发展最快、渗透力最强的新技术，半个世纪以来，其发展可谓一路狂飙，对社会产生了革命性的影响。

2. 未来学家的生动概括

“信息革命”的结果使人们的社会生活发生了深刻变化，有远见的学者马上以一种全新的视野来分析这些变革，美国未来学家托夫勒和奈斯比特据此提出了“信息社会”的说法，并分别在《第三次浪潮》和《大趋势》中予以描绘。对于技术和变革在当今社会中的特殊重要地位，这些未来学家都作了生动而发人深思的论述。

按西方未来学家的观点，依技术和产业的特点可以把历史进程划分为“农业社会”、“工业社会”和“信息社会”三个阶段。“农业社会”的特点是“面对过去”——你父亲乃至爷爷种地的经验也是适合你的，谁经验丰富谁就能赚钱；“工业社会”的特点是“面对现在”——立足今天的经验和技术，做到每一天每一月都盈利；“信息社会”的特点则是“面对未来”——今天不赚钱不要紧，问题的关键是你能不能看到“明天”，能否跟上时代和技术的变革。不用说，这个看法对于信息产业具有特殊重要的意义。

人类社会依靠的三种资源就是物质、能源和信息。农业社会是期望拥有物资，即所谓“手中有粮心中不慌”；工业社会主要是控制能源资源，特别是石油，是称霸的重要资本；而到了信息时代，信息成为重要的战略资源。谁占有信息，谁就能够站在政治、经济、军事的“制高点”上。据统计，占世界人口20%的发达国家拥有信息量的80%，而80%的发展中国家却只占有信息量的20%。

今天，我们就专门去探一探信息社会的奥秘。

3. 信息化的社会

开篇之际，我们努力地将对“信息化”的理解推向一定的高度、广度和深度。

“高度”，是指信息化不仅是现代化的标志和关键，而且是综合国力的主要表现。信息化已成为现代全球竞争的制高点；不能把信息化理解为主要是发达国家的任务，而应认识到对发展中国家来说，信息化已变成他们努力缩小同发达国家差距的极好机遇，必须竭力防止信息穷国与信息富国相对立，以免自己在今后世界发展中处于更不利的地位。

“广度”，是指信息化无论对于国家、企业，还是个人都有相当重要的意义，信息化不仅是技术问题，而且同时也与经济和社会问题广泛结合。信息化使我们意识到信息资源的重要，从而强化信息活动在社会生活中的作用，增进效益；信息化同时使社会成员普遍享受信息服务，提高生活质量。我们不得不承认，计算机和通信已经渗透到了我们生活的角角落落。

“深度”，是指信息化归根到底是个发展生产力的问题，但同时它必然要涉及生产关系的变革和上层建筑的完善等问题。信息化每推进一步，都离不开管理体制和经营机制问题的妥善解决。以通信发展及其对管理体制的影响为例，80年代以前，世界各国都认为通信是天然的垄断产业，无一例外地对通信业采取垄断经营体制，该体制确使世界通信业取得了长足的发展。但是，随着信息化的推进，通信功能发生了质的变化。原有的体制使通信垄断集团同中小企业、用户、其他相关行业以及整个国家之间的利益矛盾越来越尖锐，于是美、英、日等40多个国家从1984年起先后废除垄断经营体制，从而出现了通信业分解以及随之而来的大规模改组、联合和兼并的风潮，这在我国也有不同形式、不同程度的反响。

信息化是一项长期、艰巨、复杂的社会系统工程，必须由国家高层部门从全局出发来领导，避免资金分散和浪费。1993年底，国务院组成了国家经济信息化联席会议，1996年5月又在撤销联席会议的同时新成立信息化工作领导小组，吸收18个成员部门参加，并明确该组织是国务院负责全国信息化工作的议事协调机构，邹家华副总理任组长。沿海地区一些省市也已仿照中央建立了类似的信息化领导机构。这对推进全国和各地的信息化必将产生积极的促进作用。

信息化工作的研究规划也在大力展开。八届全国人大四次会议批准的《“九五”计划和2010年远景目标纲要》规定，要“进行现代化信息基础设施建设，推动国民经济信息化”，到2010年“初步建立宽带综合业务数字技术为支撑的国家信息基础设施，国民经济信息化程度显著提高”。国家信息化工作领导小组，依此制定了“两步走”的战略。

第一步从1995年到2000年，主要任务是建成集微波、移动通信等为一体的高效、公用、军民兼顾的通信网络；加强信息设备生产，大力发展微电子、软件等关键环节，使下世纪初信息产业生产总值占国内生产总值（GDP）的1/3；抓好几个示范工程。值得说明的是“军民兼顾”，这是国家首次正式提出的方针，与过去的信息基础设施的建设思想迥异。因为此次国民经济信息化不同以往，是全方位的巨大系统工程，也需要巨大的投资，国家充分估计国际形势，“平时民用，战时军用”，今后，国家不再为战备需要单独建信息基础设施。

第二步是从2001年到2010年，在信息化基础打好以后，主要任务是加强建设各专业化信息网络和数据库，解决“条块分割”问题，缓解信息组织管理与流通方面的瓶颈（领导小组估计这个问题马上会变得突出）；使信息产业生产总值占GDP比重再加大，成为国民经济最大产业，基本实现国民经济和社会生活的信息化。以上值得说明的是国家将努力解决各部门各行业在信息化工作中的“条块分割”问题。在现阶段，这个问题已经比较显著了，比如数据库相互不兼容、重复建设、信息资源封锁等等，在某些方面的矛盾甚至已经比较尖锐了。解决“条块分割”问题不能一蹴而就，当务之急，是信息化领导小组联合各方组建一个权威的仲裁机构，针对信息基础设施建设中的“条块”矛盾，予以协调和仲裁。另外，对于各专业数据库，国家将充分使其发挥经济效益，因为目前我国已建成的数据库，有全世界数据库信息量的10%，但发挥的经济效益，只约占全世界的0.1%，可见，我国大多数信息数据都没有用活，需要大力挖潜。

4. 信息产业与传统产业

信息技术的魅力在于它本身就是一个生机勃勃的新兴产业，而且与其他传统产业结合也能放出异彩。特别在信息时代，如果哪一个产业忽视了与信息技术的结合，那么这个产业就难以有新的生命力，难以适应时代新要求。

①计算机集成制造（CIMS）：新工业的象征

工业领域，特别是制造领域，对信息技术的接受较早。智能机床技术、软靠模技术都给工业界带来了新技术的冲击。不过，对传统工业改变最大的还属近年来出现的计算机集成制造技术（简称为 CIMS）。CIMS 技术的出现，真正从整体和全局上将企业的生产、管理领域纳入到信息化的轨道，按照信息的流向进行企业重组和生产流程的规范，是目前国际企业研究的热门话题。

计算机集成制造（CIMS）一词最早是 1979 年由美国约瑟夫·哈灵顿博士提出的。直到 80 年代初，这一术语才被人们广泛接受。美国制造工程师学会的计算机和自动化系统（CASA/SME）首先使用了计算机集成制造系统（CIMS）这个术语。但目前对于 CIM 和 CIMS 尚没有一个确切的且被普遍接受的定义。比较流行的几种说法有：

从企业的角度：

“计算机集成制造是一种新型的企业范围内的工业自动化管理过程，它好像一个特殊的程序。在其环境内可以规划、执行和集成工业自动化工程。”

从计算机的角度：

“计算机集成制造是将分布式计算、网络和公共数据库结合起来并互相地构成一个具有产品设计、安排、购买、生产、检验、装配、处理、管理和对分散的消费者或生产者货源进行市场调查等功能的和谐的整体系统。”

目前，大多数专家认为计算机集成制造系统定义中应包含下列要素：

（1）适用于各种中、小批量的离散生产过程的制造工厂；

（2）该系统应将制造工厂的生产经营活动都纳入到多模式、多层次的人机交互的自动化系统之中；

（3）CIMS 是多个自动化子系统的有机集成；

（4）该系统的目的是提高经济效益、提高柔性、追求动态总体优化。

计算机集成制造概念的提出，主要是基于这样两个认识：

(1) 企业的各个环节，即从市场分析、产品设计、加工制造、经营管理到售后服务的生产活动是一个不可分割的、彼此紧密相关的统一整体；(2) 整个生产过程实质上是一个数据采集、传递和加工处理的过程。最终形成的产品可以看作是数据的物质表现。1981年，计算机集成制造的概念作为制造工业的新一代生产方式而为人们广泛接受，因为它体现了计算机技术在工业生产中的应用及其必然发展趋势。毫无疑问，这一结果并不是偶然的，它是科学技术的发展和市场需求的变化共同推动的结果。计算机集成制造系统（CIMS），简单地说，是工厂集成生产自动化的发展方向，是未来工厂的生产模式。但在CIMS的具体实现过程中，应该结合企业的具体情况和特点，因地制宜地加以实现，因此在实现CIMS的过程中，可有多种模式。

CIMS系统的宗旨是使一个工业企业的整体获益，而不是企业或公司通过某项技术，或生产中某一环节和管理机制的改进而局部地得到应用。集成之所以有效，就在于视企业为一个整体，一个有机的、统一的系统，而不是各自独立的若干个单项功能的简单集合。“集成”在CIMS中是一个重要的概念。集成的是什么呢？一言以蔽之，集成的是信息。由于目前CIMS的概念较多，为了统一认识，我们认为CIMS必须包含下述两个特征；

(1) 在功能上，CIMS包含了一个工厂的全部生产经营活动，即从市场预测、产品设计、加工制造、质量管理到售后服务的全部活动。CIMS比传统的工厂自动化范围大得多，是一个复杂的大系统。

(2) CIMS涉及的自动化不是工厂各个环节的自动化或计算机及其网络（即“自动化孤岛”）的简单相加，而是有机地集成。这里的集成，不仅是物料、设备的集成，更主要的是体现以信息集成为特征的技术集成，当然也包括人的集成。

具体来说，CIMS系统中的集成包括：(1) 系统运行环境的集成：主要是指将不同的硬设备、软设备、数据库等集成为一个系统，形成一个统一的高效协调运行的应用平台，用户可共享系统软硬件资源；（2）信息的集成：从信息资源管理出发，进行全企业的数据总体规划和分布分析与应用分析，统一规划设计建立数据库系统，使不同部门、不同专业、不同层次的人员，在信息资源方面达到高度共享；（3）应用功能的集成：对工程设计领域而言，就是将决策支持系统（DSS）、计算机辅助管理（MIS）、计算机辅助工程（CAE）、计算机辅助设计（CAD）等应用系统融为一体，建成计算机集成工程设计系统（CIEDS）；（4）技术的集成：开发建设面向行业应用的计算机集成应用系统是多种高技术的综合运用。例如进行系统分析设计时，必然要运用系统工程理论以及某种系统开发方法论（生命周期法、信息工程方法、面向对象方法、活性分析建模方法以及原型法等等）作指导。又如网络通信技术、数据库技术、多媒体技术、可视化技术、并行工程与计算机支持的协同工作（CSCW）、人工智能与优化技术以及工程设计理论与技术和管理科学等等，需要多方面的高级技术人员参加和有关专家学者的技术咨询；（5）人和组织的集成：首先要开发建设集成应用系统，高层领导必须亲自介入，加强统一领导，自始至终坚持“管理人员、设计人员、计算机技术人员三结合”的原则。其次随着集成应用系统规划、分析、设计和实施的完成，必然促进管理机制的变化，使之真正达到管理机构和生产组织的现代化和科学化。

因此，计算机集成制造系统是在自动化技术、信息技术及制造技术的基础上，通过计算机及其软件，将制造工厂全部生产活动所需的各种分散的自动化系统有机地集成起来，是适合于多品种、中小批量生产的总体高效益、高柔性的智能制造系统。它代表着技术的革新，更主要的是代表着企业组织、管理生产过程的哲理、思想和方法的革新，甚至可以说对企业文化的革新。后一点目前还谈论得较少，特别是在我国，企业文化的问题一般都是放在思想教育工作的范畴内讨论，没有将其视为与先进技术紧密联系的一个科学问题来阐述。在后面的篇幅中，我们将重点谈这个问题。

50年代国外对企业文化的定义是“组织内部大多数成员所共有的想问题和做事情的习惯或传统的想法和做法，包括共有的价值观、决策模式和公开的行为模式”。作为有远见的企业领导人，必须承认企业文化的重要性，它不仅是表面上雇员的教育程度、道德修养、企业文明生产、环境卫生、团结互助等一系列可列可举的方面，更重要的是企业内思想意识方面的习惯和看法。它们指导着企业的运作和发展，正确的思想能起促进作用，而不正确的认识和做法却能造成巨大的反作用。

实施计算机集成制造工程，不仅仅是一个技术改造的问题，更是一个文化改造的问题。一般来讲，实施 CIMS 工程的企业都会在实施过程中或多或少地遇到这些方面的问题：

(1) 企业的组织结构

传统的企业结构一般是一个金字塔型，塔尖是决策人员，塔基是生产人员。一般决策人员很少到基层参加实际生产，基层人员很少参加大的决策。这种结构对决策人员了解下情、正确决策和将职工群众的智慧和积极性发挥出来甚是不利。另外在这种结构里信息流动是单向的（从决策到执行），不符合现代企业中成网状的信息流动。改变这一状态就要把金字塔压平，要上下渗透，只有在发挥了人的积极性后，企业的竞争力才有保证。

(2) 人的作用和地位

工业革命以来，各种机器的发明使得劳动分工细化，每个上岗的工人只需要做很简单的不需要多少培训的操作就行了，即将人也作为一种工具，将生产率的提高、产品的改进完全依赖于新技术。然而，实践证明，人与机器的最大差别在于人能思考，这种主观能动性是极为重要的。特别是CIMS工程所追求的柔性制造、灵活生产，对企业中的人提出了更高的要求，即不仅仅是一个“培训”问题，还是一个“继续教育”的问题。不但要让员工“知其然”，还要让他们“知其所以然”，要让员工懂得相关的基本理论，打下在多变的环境中进行创新的基础，能胜任跨工种、多学科的岗位。在此基础上，进一步向中下层下放一定的权利，使上下级不再是监督控制和被监督控制的关系，而成为一种新的信任、授权和认真完成任务的关系，这些对增强企业适应变化和自我发展的能力是至关重要的。

（3）价值观的问题

价值观就是对于一个企业中大大小小的问题，坚持一个什么样的是非标准和评价策略。在实施CIMS工程时，许多企业都要算一算投资的回收问题，因为CIMS工程一般都是极大数目的投资。但在这个问题上，许多企业只注意了可计量的效益，忽视了非计量因素。有时，短期财务性能指标不太好的事情，或者说指标不是最优的，可能对长期的全局战略目标是一个好事，这种情况也是屡见不鲜的。这时，一个价值观的问题就很突出了。企业要抛弃急功近利的认识，不图虚名，切实把眼光放得远一些，特别是一些领导人不要只看着自己任内的业绩，还要注重企业未来5年、10年甚至更长的发展前景。另外一点是对个人行为和工作评价的价值观念，要让努力工作的员工感觉到自己的工作是有价值的，让他们有一定的成就感，这就不能全部依靠物质奖励了。这个问题与上面的问题（1）、问题（2）又有一定关联，这里就不多讲了。

（4）规章制度的改变

企业的规章制度是企业长期积累形成的，许多确实是宝贵经验的积累。但随着企业经营环境的改变，不少老的规章制度对新的形势和环境而言成为了多余的东西，有一些甚至还起反作用。

在计算机集成制造理论体系中，一个新的概念叫做“经营过程重构”，就是按照信息（包括生产信息、销售信息、管理信息等）的流向将经营过程彻底地重新构思，进行根本的重新设计，以达到在诸如成本、质量、服务等关键性能方面的显著提高。由于去掉了一切无用的、浪费的、不能增加附加值的活动，企业的运作效率往往可以产生一种“跃进”，成倍的提高效率。按照这种重组概念，许多对企业内部信息流动有障碍的规章制度都在清理之列。规章制度的建立只是为了保证信息流动得更为有序和畅通，所以怎样建立适应新生产环境的规章制度是企业要认真对待的问题。

如果对计算机集成制造系统用拟人法来说明的话，那么可形象地对比如下：

人	计算机集成制造系统
记忆	集成数据库
大脑	计算机系统
神经	计算机网络
血液	物料流
动作	信息流

因此，我们总结 CIMS 的精髓为：不是一套产品，也不是一套硬件（计算机系统、网络等），更不是一套软件，而是一种思想、观念和哲理，是一种总体的、有步骤的规划。人们已普遍认识到，计算机集成制造是企业管理现代化的一个哲理，而 CIMS 工程则是具体的实现。

这里应强调指出的是，随着 CIM 和 CIMS 技术的发展，人们对它们的认识也将逐步深化，其真实的含义和概念也必将逐步清晰起来，更何况 CIM 的概念和 CIMS 技术也将随着现代生产技术的发展而发展。在这种情况下，并不妨碍人们努力实现规模不同、模式互异的 CIMS。重要的是，不要总是纠缠于文字概念，而是应该努力地去实施，在实施中体会 CIMS 思想的精髓。

我国计算机集成制造系统的推广还是卓有成效的，政府、学术界、产业界联手做了许多踏实的工作。计算机集成制造技术于1987年进入国家“863”计划视线，成为自动化领域中的一个重要主题，并在当年成立 CIMS 主题专家组。1994 年设在清华大学的 CIMS 工程研究中心荣获了美国制造工程师协会（SME）颁发的 CIMS 应用“大学领先奖”。1995 年北京第一机床厂又被 SME 评为 CIMS 应用“工业领先奖”，这是自设立该奖以来，第一个由美国本土以外的工厂获此殊荣。这一切标志着我国 CIMS 应用已达到国际先进水平，得到了世界的公认。“九五”期间，国家科委已将 CIMS 列为“重中之重”项目，这无疑对今后加速我国 CIMS 的发展提供了有力的保障。

与产业界紧密结合是 CIMS 研究的一个特点，在机械、航空、纺织企业试点取得了重大进展与显著效益，如北京第一机床厂完成集成制造系统第一期工程后，缩短产品技术准备周期 1/3 ~ 1/2；缩短制造周期 10 ~ 20%，由于计划控制库存，减少资金占用 10%以上，1995 年获得美国制造工程师协会颁发的“工业领先奖”。成都飞机工业公司采用计算机集成生产管理系统后，使其成为承接美国麦道公司机头的惟一国外定点生产厂，其生产装配周期从 12 个月缩短到 6 个月，库存积压下降 20%，累计创汇已超过 1000 万美元。此外决策支持系统、专家系统已在业务管理中得到应用。

1996 年 8 月 26 日到 28 日，由国家 863/CIMS 主题专家组主办，中国自动化学会、中国机械工程学会、中国计算机学会、中国系统工程学会和中国系统仿真学会协办的第四届中国计算机集成制造系统（CIMS）学术会议在哈尔滨工业大学召开，国内计算机集成制造系统专家汇集哈尔滨，共商 CIMS 发展大计。863/CIMS 主题专家组首席科学家蒋新松院士在大会上做了题为《拟实制造》的报告；主题专家组组长吴澄院士就 CIMS 主题“九五”期间的目标、任务与实施做了《扩大应用示范、促进形成产业》的报告。会议上明确了两点认识：从学术界来看，前一阶段的任务基本完成，接下来的研究工作要向虚拟制造（Virtual Manufacture）、灵巧生产（Lean Produce）、并行工程（Concurrent Engineering）等更新的前沿迈进；产业界和政府要进一步扩大试点面，在更多的企业开展 CIMS 工程，特别是那些有一定基础的国有大中型企业，力争达到一定的 CIMS 应用规模。

②农业的信息化建设

计算机对农业的影响虽然不像对工业那么深刻，但现在的影响也越来越明显了，尤其是国际互联网在农业信息管理上的推广，使农业生产也有了浓浓的现代化气息。

计算机网络的发展至少给农业带来三方面的好处。首先，是淡化了农业中间环节。农业发展中的很多问题，是由中间环节引起的，比如蔬菜、水果的销售中，中间环节利润比较大，“二道贩”、“三道贩”赚了农民和城市消费者的不少钱，也造成了一定的市场波动。其次，网路缩短时空，使得不分高低贵贱、天南海北的人都有平等的信息获得机会。比如，我国农业部开设的“中国农业信息网”，目前已有近 2000 个联网单位，积极为农村服务。江苏沭阳县是个贫困县，银杏茂密，却从来不知银杏叶会有大的经济价值。该县的花木苗木信息中心是中国农业信息网的网员单位，1996 年 8 月，在网上得知一条银杏叶大量需求的消息后，马上与对方达成了协议，全县动员组织银杏叶外销，当年就增收近 200 万元。以后他们将本县盛产银杏的信息主动上网，扩大了银杏叶销售，使本县一举脱贫。第三，网路的运用是行政机构“扁平化”，政府部门可以频繁又直接地与农村基层交流，对于乱摊派、乱收费等问题能及时发觉和查处。而且，这种交流也能促进农业资源的合理开发。

1994年美国在农业方面还没有使用国际互联网，近年来却发展很快。1996年，美国国会通过新的农业法案，其中一条就是要求政府、涉农产品的运销商、农业生产资料供应公司等都要在国际互联网上无偿地向农民提供信息服务。目前，几家大的涉农公司，如从事农业化学品的杜邦、拜尔等公司，以及几乎所有的农机制造公司都开设了这样的服务站点，使产前、产中、产后都有及时周到的免费信息服务。

中国政府也在加紧有关建设，农业部1987年开始规划和建设农牧渔业管理信息系统，1991年利用世界银行贷款，进行农业支持服务体系建设，1996年又实现了现有信息网络的国际互联改造。在规划建设中，难办的问题是如何做到全国联网。农业信息网络规划要求覆盖面广大，包括全国2300个县、4700个乡和73万个村，若建设专用网络，势必投资巨大，维护也难，所以现在的建设办法是与全国公用信息网络合建，而且一开通就采用社会化的营运方式，边收益边建设。已开始营运并在不断扩大的网络，就是“农业综合管理与服务信息系统”。

③销售领域的信息网

计算机网络已经进入了商业服务领域。我们在日常购物时就可以体会它的便捷，商品信息输入了商场的电脑数据库，商品上则相应地贴一张不干胶“条码”，就可以开架销售了，顾客结账收款一条龙，又快又准。更好的是，商场打烊后，电脑会很快地统计出各种商品的日销量、库存量等等。好一点的货物管理软件还会作销售情况分析，确定畅销和滞销种类，以及自动提醒业务人员及时进货，进哪种、进多少都会提出清清楚楚的参考意见。细心的顾客一般会发现，凡是采用了这种电脑系统的商场，都很少再挂出“今日盘点”的木牌了。

商场电脑系统我们见得多了，所以不用在这儿再唠叨，现在我们挑一个新鲜玩艺儿看看——汽车销售系统。

1997年初，由中汽贸总公司和中国汽车流通协会组建的计算机网络“全国汽车市场动态监测网”正式开通，据业内人士介绍，这已是一年多内汽车界建立的第四个汽车网络，其中有三个是在1997年开通的。

“全国汽车市场动态监测网”是针对汽车流通企业而建立的一个专业网络。目前的网员有包括全国30个省、市、自治区的省会、计划单列市的机电公司和主要的汽车生产企业在内的110多家单位。网上发布的内容包括各企业的销售情况、各车型在当地的售价，以及有关宏观政策等。网络管理者们平时要花大量的时间与精力编辑相关信息以提供给入网单位，可以说，他们首先是一个信息收集及处理中心。但这种模式并不是理想的模式，现在的信息技术已经可以做得更好。

由中汽总公司、中汽工业经济技术信息研究所和邮电部邮政速递局合建的中国汽车配件交易网就是更理想的技术模式。这个网络是建立在邮电部公用分组网（China Pac）上的，上网单位有权随时发布本单位产品种类、数量、价格等情况，供公用分组网所有网员单位查询。查询者可通过邮政速递局与汽配交易网入网单位实现异地交易。由于汽配交易网的信息是由网员单位自己发布，无需网络管理者汇总整理，因此较易实现动态发布；同时，公用分组网是面对全国各界的公共互联网，建在上面的汽配交易网自然面向全社会。这种模式较接近于发达国家的同类网络。

遗憾的是，大众观念稍落后于信息时代，使这两个网的发展受到阻碍。国内很多企业，尤其是中小型企业的经营者会问出这样的问题：“我为什么要把自己的信息告诉别人?”有意思的是，据网络管理者们统计，越是效益不好的企业，越容易提出这样的问题。

相比之下，国外企业对这几个网络却非常重视。有一些企业的驻京办事处主动找上门，要求入网，而且上网后利用率很高，马上用网络协调和管理外地分销商。这让网络管理处的中国管理者感触颇深。

分析其原因，有关人士讲得比较中肯："目前行业不景气，销售情况不好，对上网用网有一定的影响。此外，受多年来计划经济影响，许多国有企业有一定的惰性，不是一下子能够改变得过来的。关键是企业尚未从网上获得明显的回报，改变观念就必须从这一方面入手。虽然困难很大，但应该会逐渐地好起来。"

5. 政府办公自动化

政府，在某种程度上可以理解为一个大型的社会信息处理中心。行政过程，实际上是社会信息的处理过程。政府的信息比一般社会信息有更重要的意义，因为它们很可能就是某个重大决策的依据。所以，政府部门需要及时更新数据，快速传递信息。这就是政府办公自动化的主要内容及意义。

在国务院办公厅秘书局的牵头下，我国各级政府机关正在共同建设"全国行政首脑机关办公决策服务系统"，并将在今后两年里，建成以第二代电子邮件系统为主要标志的网络通信平台，在抓好通用软件的推广应用和多种数据库建设的同时，提高其整体应用水平，到 1997 年年底要初步实现全国行政首脑机关的办公自动化、信息资源化、传输网络化和管理科学化。

"全国行政首脑机关办公决策服务系统"以国办的计算机主系统为核心结点，覆盖全国各省、市、自治区和国务院主要部门的办公厅（室）的主要政务处室，有条件的地区和单位可扩大至所有办公部门，并延伸至下属行政机关。它从 1992 年开始启动，3 年来系统建设已获得很大的进展。目前系统已初具规模，各地方、各部门的行政首脑机关的局域网多已建成并已互联；数据通信网已覆盖各地近百个政府办公厅（室），已在网上实现了政务信息和有关文件的数据传输。总之，该系统在政府工作中发挥了日益重要的作用。

1996年1月8日，在江西南昌召开了全国政府系统办公自动化协作网工作会议。国务院副秘书长李树文等应邀在会上作了重要讲话。100多名来自全国各省、市、自治区和部分中央部委办公厅办公自动化工作的负责人出席了会议。上海、天津、江西、广西、山西等省、市在会上介绍了他们建设和使用本单位系统的经验。为了统一规划、统一标准，加强协调，配套发展，会上还讨论了《全国行政首脑机关第二代电子邮件系统的实施方案》，通过了《全国政府系统办公自动化协作网络章程》以及《协作网技术咨询组章程》等文件。

政府办公自动化大大提高了办公效率。上海政务信息系统开通了与国家机关各部门、各省市以及市内各级政府之间的通信网。1995年新建的市政大楼具有智能办公大厦的功能，从公文处理的起草、审批、定稿、发文全过程，机关可以实现办公无纸化；机关信息系统可以方便地查询与公务有关的信息。委办主要岗位配备了计算机，大部分机关工作人员能在计算机上操作处理业务，提高了政府办公效率。目前，上海市政府的办公自动化系统正从市府向区、县、街道和乡镇延伸，以市政府实施“一人一机，机机联网”的智能化办公系统为核心，政府办公决策支持服务系统总体目标正在加快实施的步伐。

海南省洋浦经济开发区是经国务院批准设立的我国第一个集外商成片开发区、保税区、经济特区政策于一体的区域。它不但体现出不同于其他地区的政策优势，而且洋浦管理局以特区的运作方式实现了政府首脑行政机关的“无纸办公”。

该局的办公自动化系统实际运行近一年，情况良好，基本取消了纸质公文运转，年处理文件约12000份，在国内政府机关，该系统真正实现了红头文件全过程自动化综合处理，而且采用机器密码、用户名、邮件加密公文和四级存取权限保密措施，有效地保证了政府公文信息的安全。

系统从有纸公文处理到电子公文过渡平稳、有效。现在，管理局内部所有公文都通过系统进行电子化处理，上级单位送来的纸质公文，能在短短几分钟内生成与纸质公文相当格式和颜色的电子公文，需要时可以打印成规范的纸质公文，实现电子公文“所见即所得”。该系统易于操作，管理局的公务员可以像使用傻瓜照相机一样利用系统进行办公。

今后，其他各地各级政府的办公自动化将逐步推进，洋浦管理局就是示范之一。

6. 信息时代的教育

在信息化的进程中，教育所处的地位十分特殊，教育领域是受信息化影响最大、最直接、最深刻的领域之一。随着信息技术的普及和广泛应用，教育的手段、内容、方式甚至一些基本的理念，都将发生变化，下一代的学生将面对从来没有过的、完全新的教育环境。同时，教育部门也面对信息时代提出的新的知识要求，“传道、授业、解惑”需要赋予信息时代的特色。另一方面，教育工作又是实现信息化过程中必不可少的实际工作之一，离开了对新一代劳动者和管理者的教育，离开了大范围、全社会的技术和观念的更新，信息化是不可想象的。

①信息传递：教育的实质

从根本上讲，教育的本质在于将信息一代一代传下去，并根据时代的特色进行修改和增删。正是由于这种信息联系，人类才能够积累经验和知识，才能形成今天的文明。信息的传递手段和方式，对于教育来讲是至关重要的，这只要回忆一下文字、纸张、印刷术对教育的作用就可以了解。以计算机技术、通信技术为代表，为人类提供了存储、处理和传递信息的强有力手段，人类所能够处理和利用的信息，在数量和质量上都有了巨大的飞跃。这种影响带来的深刻变革，必然要在教育上有所反映。

以我国的教育事业来说，各类学校的学生达两亿之多，从事教育工作的人员数以千万计，到目前为止，绝大部分的学校和教师还在采用传统的教学手段，教室、黑板、教科书还是天经地义的模式，计算机辅助教学还少得很，从互联网络上获取信息更是局限在部分高等院校和研究院所中。

信息时代的教育改革是必然的，在有条件的城市，我们已经看到了这一点。

②对教育的全方位更新

信息时代的教育究竟会有哪些变化呢？

最直接就是教育内容的变化。联合国教科文组织早在 1987 年就在一份报告中指出：下世纪初全体劳动者的 60%将懂得操作和使用计算机。目前在我国大中城市的人才市场上，掌握计算机的使用和操作技能，已经成为选择员工的基本要求之一。在大学，无论什么专业都要学习计算机和网络的基本知识和技术。在发达国家，中学就已经开设了全面的信息技术课程，全面介绍现代信息技术的知识和技能。我国中小学教育这方面的试点也已开始，与信息化有关的各种课题已经成为教育的基本内容之一。

与此同时发生变化的还有教学手段，这就是借助于计算机多媒体技术的计算机辅助教学技术。借助于计算机超强的计算能力，将文字、图像、动画、声音等组合起来，生动地展示教学内容，这种方式将胜过传统的黑板加粉笔。目前，在大学中采用计算机辅助教学已经十分普遍，面向中小学的 CAI 软件也在迅速发展中。另外一种形式的改变是网络教学。借助与四通八达的信息网络，学生不出门就可以接受老师的知识传授，这就是逐步走向实用的远程教学。远程教学对缓解师资不足的矛盾有着重要的作用。

同时，信息技术还改变了教育的组织方式，以往整齐划一的、呆板、忽视学生个性的组织方式将让位于主动、活泼、因材施教的教学方式，真正做到培养有创造性的、充满活力的新一代。

最后，也是最重要的是教育的一系列基本观念的改变，最明显就是知识结构和终身学习的问题。据不完全统计，1995 年世界上提供的可查询信息比 1985 年增加了上百倍，任何人都可以从图书馆、互联网络上获得大量珍贵的信息。这种信息爆炸的后果反映在教育中就是教学内容迅速增加，不仅中小学生负担加重，连大学生也感到要学的东西太多。解决这个矛盾的方法只有一个：改变传统教育中在学校教会学生一辈子要学的东西的认识，重要的是知识获取的能力、分析问题的方法。信息爆炸迫使我们必须这么做，否则我们培养的学生将在信息社会的竞争中败下阵来。与此密切相关的问题就是第二个问题，“活到老、学到老”在知识飞速更新的信息时代成了必然要求。技术的发展必然会带来工作方式和内容的改变，只有继续教育才能保证跟上时代的要求。目前我国出现的在职学习的热潮就是这种趋势的表现。

③教育的新任务

在信息化工作中，教育工作是一个非常重要的环节，在这方面的主要工作包括：

(1) 普及信息技术的基础知识和技能

目前我国计算机的普及水平还很低，培训对象应该包括从学生到各种就业人员。在一些大中城市，对公务员的计算机普及工作已经开始了。计算机培训的内容已经从开始单纯的指法、输入的训练提高到信息技术的应用和规划等多个方面。

(2) 提高对信息时代的认识和准备

对信息时代的认识、宣传和教育方面的工作的力度还很不够。目前，关于这方面的宣传工作不是技术味太重，就是商业广告太多。怎样认识信息时代的本质，以及怎样面对这样一个新的时代而保持健康、平衡的心态，值得人们关注。对于领导者、管理者，尤其应该加大宣传力度。

(3) 培养专业人才

信息时代对人才提出了更高的要求。时代呼唤对技术和环境全面把握的人才。发展中的中国新兴产业急需具有商业头脑的工程师，而我国现行教育体制中专业划分过细，不利于综合人才的培养。近年来的高校在调整专业上做文章，努力朝宽口径、厚基础的方向发展。1996 年经国家教委批准，清华大学、北京大学和国防科技大学的计算机专业将不再按传统的硬件、软件专业招生，而统一按一级学科计算机科学与技术招收，这是专业调整迈出的可喜的一步。

④走出传统误区

我们过去在教育工作中有许多宝贵的经验，也有许多教训和误区。比如，谈信息技术就只谈计算机技术，谈计算机技术只谈程序设计语言等。我国的计算机教育，特别是培养主力人才的高校计算机教学上，存在一个严重的问题，就是重视了计算机技术教育而忽视了计算机文化教育，以至造成科学技术超前与文化观念滞后的反差和错位。其具体表现是：精通计算机原理、程序设计、操作系统、算法设计等等的人才，却不大明了计算机时代的时代特征、社会范式、文化产业、思维方式以及时空观念、道德观念、审美观念等的巨大变化，因而，在信息高速公路的开通和多媒体的应用面前，明显暴露出知识分工过细的弊端和文化修养上的不足，不能适应时代和社会发展的需要。

另外在普及计算机知识上，采用的等级考试制度也颇有争议：等级考试中所规定的必考内容往往都是一些已经被淘汰或即将被淘汰的技术（如目前反复培训的 DOS 和 FOXBASE + ），与实际要求不适应是必然的。一些学校虽然有意教授学生新的内容，但上级主管部门往往又以等级考试为衡量学校计算机教学工作水平的惟一标准，这样造成了学校的计算机教学工作长期在一个低水平上徘徊，没有实质性提高。学生毕业后很快就发现所学知识过时，特别是面对诸如互联网络这样的信息库居然不知道如何去利用。

所以，信息时代的教育改革不是局外的修补，而是全方位的改革。但愿我国的教育事业能借信息化这一东风再次取得新的成果。

二

计算机风云五十年

1. 计算机的诞生

正如许多新技术的产生一样，计算机的诞生也与战争需要有密切联系。

1943年，第二次世界大战正如火如荼，美国陆军军械部阿伯丁弹道研究实验室承担了繁重的鱼雷、炮弹轨迹计算任务。当时，该实验室共同负责为陆军炮弹部队提供火力表。这项任务非常困难和紧迫。因为每张表都要计算几百条弹道，而一个熟练的计算员用台式计算机计算一条飞行时间仅60秒的弹道要花费20小时，用大型的微分分析仪也需要15分钟。从战争一开始，阿伯丁实验室就不断地对微分分析仪作技术上的改进，同时聘用了200多名计算员，日夜加班。即使这样，一张火力表也往往要算上二三个月，且还不能保证计算完全无误。浩瀚的数据海洋埋没了大批才华横溢的工程师，他们迫切需要强有力的计算工具。

经过多次论证，1943年6月5日，宾夕法尼亚大学莫尔学院电工系与美国陆军军械部正式签订合同，研制用于分析弹道轨迹的计算机。研究工作进行了两年半，1945年底，人类一项伟大的发明——使用电子管制造的通用电子数字计算机诞生了；1946年2月15日在美国正式举行了揭幕典礼。这台计算机的名称为

"埃妮娅卡"（ENIAC，Electronic Numberical Intergrator and Computer)，译成中文是"电子数值积分和计算机"。

虽然有许多许多的不足，但"埃妮娅卡"毕竟标志了一个时代的开始，为破译密码和计算武器弹道立下大功，它每秒钟可以进行5000次运算。比起在电子计算机问世之前的机械式计算机(使用齿轮）或是机电式计算机（使用继电器）要快了上万倍。尽管在50年后的今天，这样的计算能力还不如在掌上使用的每台售价仅几十元的计算器，但是50年前发明的它确确实实是人类伟大的发明之一。它的能力使许多研制它的科学家都很惊奇，至于日后计算机会有如此的巨大发展，是当年的科学家们始料未及的。

2. 微电子技术的魔力

要明白"埃妮娅卡"的神奇能力，得从它的基本元器件电子管说起。20世纪初，一位名为德·福列斯特（De Forest）的青年发明家在家里烧制各种各样形状的玻璃管，把它们抽成真空，装上金属线做电极，做各种实验。这位青年人宣布，用他的发明可以把声音传递到大西洋彼岸。这在当时，简直是在说梦话。加上这位青年人穷困潦倒，甚至衣衫褴褛，所以，当时美国纽约联邦法院竟审理了他，指控他诈骗和私办通信。这种被糊涂的法官说成是没有任何价值的"玻璃管"，其实就是世界上最早的电子管，是20世纪最伟大的发明之一，它的开关速度比继电器快了1万倍。1919年，爱克尔斯（Eccles）和乔丹（Jordan）把一对电子三极管连起来制成了第一个电子触发器，这就是电子计算机所需要的最基本的电子线路。电子触发器的研制成功推动了电子线路的理论和应用的蓬勃发展。

"埃妮娅卡"问世后引起了全世界的极大关注。虽然有一个灵秀的名字，但这个小婴儿体态臃肿，由18000只拳头大小的电子管组成，重达30万吨，占地200余平方米，且“饭量”惊人，只启动一小会，却“吃掉”了上百度电，更麻烦的是，小婴儿太娇贵了，电子管坏了少数几个就全身瘫痪，检修起来非常麻烦。战后多家研究所和大学沿着“埃妮娅卡”工作组的思路不断前进，他们脑子里想的，无非是如何让体积更小、功能更强、性能更稳。办法只有一个——用更轻巧有效的元器件来取代电子管。

1947年，这种梦想中的元器件终于被发明出来了——晶体管。发明人是美国贝尔实验室的研究员威廉·肖克利（William Shockley）等。晶体管是一种很简单的半导体器件，由一块很小的固体材料和三个细细的电极线构成，它与电子管一样，能将电子信号放大，不过所需的电流以及产生的热量和自身的体积都远小于电子管。这项发明使计算机的体积与造价都减少了上万倍，将计算机从锁在装有空调器的实验室内的神秘、昂贵、易出错的机器改变为一种价格低廉、性能更可靠、使用日益广泛的工具。威廉·肖克利的这项发明通常被认为是开拓固体电子学时代的关键器件。为此，他和研究伙伴巴丁、布拉顿共同荣获了1956年度诺贝尔物理奖。

随着晶体管应用的日益广泛，特别是制造工艺的发展，科学家们不由得想到：为什么不把组成电路的元器件和连线都像制造晶体管那样，集中在一块硅片上来实现电路的微型化呢？经过近十年的努力，这个天才想法才得以实现。1958年，集成电路诞生，很快地，大规模集成电路、超大规模集成电路相继问世，性能更强成本更低。这无疑引起了计算机技术的巨大变革。计算机的心脏——中央处理器和其他电路的高度集成化，使计算机小型化、微型化成为现实。“埃妮娅卡”房间大小的内部系统，采用集成电路后，就变得像一张扑克牌那么小。晶体管和集成电路，都是微电子技术发展的结果，和传统电子技术相比，微电子技术立足于电子设备和系统的微型化。这是一门从60年代以来新兴的技术学科，它兼有精妙的理论和诱人的实用前景，研究起来极具挑战性。大批优秀的年轻人加入到这一领域，许多商家也被这一领域内不可估量的市场前景所吸引，将巨资投入到这一领域。两者的结合实现了几十年来微电子技术的飞速发展。

微电子技术的发展，使计算机真正成为人类历史的传奇。随着计算机处理能力的加强和工业造价的一再下降，电脑这“昔时王榭堂前燕”，如今也“飞入寻常百姓家”，个人电脑出现了，功能也开始摆脱单一的数值计算。在办公、教育、娱乐等多方面表现出威力。

今天，微电子技术几乎影响了所有的电子产品，而不仅仅是电脑。我们日常生活中的电视机、电话机、微波炉、音响、电子玩具、游戏机等，里面都有集成电路和微处理芯片。就电视机而言，一小块集成电路就取代了传统的由大量分立元件组成的功能电路，成本大大下降，功能却大大增强，因为微电子数字调谐技术，使电视机可以对多达100个频道任选，且提高了图像和声音的保真度。

由于微电子技术的迅速发展，以计算机技术为核心的现代信息技术群逐步形成，使工业生产与管理、通信邮电、教育、医疗等等方面都产生了变革，成为既代表国家现代化水平，又与人民生活息息相关的一项高新技术。

3. 计算机：与算盘一样的基本原理

让我们一点点揭开计算机技术神秘的面纱。

计算机可以快速运算，就其原理来讲，最主要的是两点，一是可储存信息，二是进行程序操作。储存信息就是把人要算什么和怎样算的信息都存储在机器里；程序操作就是把要计算的问题，编成一条条的程序，机器就严格执行。以前就已经制造出来了齿轮结构和继电器式的计算机，它们的计算原理也不外乎是这两点。再往前看，我们早期的算盘也不就是这样吗？我们通过算珠来保留中间计算数据，这就是存储的原型；当看到问题时，我们的头脑中便设计计算步骤，并通过拨打算珠来进行计算，这就是算法的初步。事实上，最早的“埃妮娅卡”计算机也就是通过“拨”众多的电子开关来进行计算设置的。

在计算机内部，有一个信息加工和处理的部件称之为运算器。我们可以将它看作一个先进的算盘，不过这些“算珠们”以每秒上百万、千万次甚至最高的速度被“拨动”。这个部件的任务就是以很高的速度进行计算，获得计算结果。计算机中计算的数，实际上是一种信息载体，比如一个数值10，可能代表“10个苹果”，也可能代表“时速10公里”，或者是“5对双胞胎”。在这里，数值计算的就是一种信息加工，从各个渠道获得的数据经过复杂的计算而生成新的信息。这就是计算机的核心任务。

在计算机内部，运算器是负责完成计算任务的，那么计算所需的数据从哪儿来，计算结果又送到哪儿去呢？正如有了干活的人后，就得有人把他们管起来，起一个协调的作用，这就是控制器的任务。控制器就是计算机的司令部，这里指挥着计算机的一举一动，这种控制是通过一系列的电信号来实现的。

比较复杂的计算，往往要产生许多中间结果，使用过算盘的读者只需要回忆一下在算盘左侧保留中间值的方式就能体会到这一点。在计算机中，原始计算数据、中间结果、最终结果和为完成这样的计算而设计的程序都需要有一个地方将它们保存起来。这里就是计算机中的存储器。越是复杂的计算，所需要这样的保存空间就越多。

将计算机比喻成一个工厂也很恰当。运算器是生产车间，控制器是调度室，而存储器是一个大仓库。调度室将原材料（原始计算数据）发往生产车间，车间按照一定的工序流程（程序）进行加工（数据计算），生产结束后由调度室将成品（计算结果）送回仓库。

怎么样，不复杂吧？计算机的基本原理就是这样的，本来嘛，世界上再复杂的东西，一经理解就变得简单了。

4. 硬件：计算机的躯体

要让计算机动起来，需要硬件与软件的共同工作。有人说，硬件是计算机的躯体，看得见摸得着；而软件是计算机的灵魂，是信息的处理系统。这个比方形象而贴切。我们先来看看硬件的奥秘。

我们已经了解，在现代计算机中，运算器和控制器往往被制为一体，称为微处理器，它是计算机的心脏。微处理器、存储器以及其他计算机内部部件，通过互联设备连结。在个人计算机中，这种互联设备称为“总线”。总线的起名很有意思，在英文中，与“公共汽车”是同一个单词，大概因为命名人认为众多数据借助总线从一个部件（如存储器）跑到另一个部件（如处理器），就像人们搭乘公共汽车从一处到另一处去。你看，总线的基本原理和公共汽车一样，如前所述，复杂的东西完全可以有简单而生动的理解。

现代计算机硬件发展的特征是运算速度越来越快和存储空间越来越大。以目前个人电脑所采用的主流处理器“奔腾”为例，每秒可完成500万至1000万次运算。预计这个速度在未来还有较大的提高。目前存储器也是使用集成电路技术来实现。计算机完成的任务越复杂，它所需的存储空间就越大。计算机通常用8位二进制作为一个单位来计算存储器的容量，称为字节。2的10次方，即1024字节称为1K存储容量。1024个1K称做1M（“M”

是物理学中的计量单位“兆”的表示字母，1兆是1百万）存储容量。1兆的容量是一个什么概念呢？一个汉字占2个字节，那么1兆字节的存储容量则可以表示524288个汉字，即超过50万字！设想一下一本50万字的图书该是怎样的一本大部头，而直接存储到一张巴掌大的薄薄的磁盘上，却可以随手放进衣兜，而且这张磁盘还只是使用了约2/3（一张磁盘有1.44M的存储空间）。

当然，仅有处理器和存储器的计算机还不能为人所用，因为计算机内部的小世界和人类的大世界还有很大的差别。人类希望用自己方便的方式控制计算机，与计算机交流信息。所以，解决计算机的内部小世界和人类的大世界的“接口”问题就成为不可避免的问题。为了让人使用计算机，必须引入一定的外部设备，如将控制程序输入机器的键盘，把计算机处理过程和结果表达出来的显示器和打印机，已经实现大容量、永久信息存储的外部存储设备等。目前随着计算机功能的日益增多，计算机外部设备的种类和功能也日趋复杂。传统的外部设备有供输入的键盘、显示器和磁盘，现在又有了供操作图形界面的工具：鼠标，以及活动的海量数据载体设备：光盘驱动器。另外在近几年中的多媒体浪潮中涌现的让计算机能说会唱的设备也属于外部设备。

处理器、存储器，再加上以上的外部设备，我们的计算机硬件就齐全了。

5. 软件：计算机的灵魂

计算机软件是计算机的灵魂，因为没有软件，硬件是“死”的，什么也干不了。软件的主要作用是使计算机容易操作，能用更丰富的手段处理和表达信息。

软件从基本功能上可以分作两类：一种是管理计算机本身

的，称为系统软件；另外一种是为了完成不同的信息处理任务而编写的程序，称为应用软件。所谓系统软件就是指一种特殊的管理计算机系统或为计算机系统服务的程序，操作系统就是典型的系统软件。我们常说的磁盘操作系统（DOS）就是个人电脑的一种重要系统软件，而应用软件往往是针对特殊应用而编写的程序，如个人字处理软件 WPS 就是典型的应用软件。

上文我们说过，计算机内部的一个二进制的世界，无数 0、1 串在计算机内部用高频的电脉冲来表示，我们称这种二进制表示方式为机器语言。很显然，机器只能接受这种机器语言，而人类是不可能直接使用这种机器语言和计算机交流的。于是，科学家设计了许多中间转换器，设计了许多接近人们日常语言的方式，通过中间转换器来实现这些方式和机器的沟通。我们称这些方式为高级语言。当然，这些所谓的高级语言离我们每天使用的自然语言还有一定的差距，就目前技术的发展速度来看，离我们能直接与计算机对话，告诉它该干什么、该怎么干的那一天还有很长的路要走。

在软件的帮助下，个人电脑越来越容易使用。早期的计算机，真是不折不扣的机器，操作者不得不记忆很多古怪的操作命令。现在的计算机就很有“人情味”了，视窗操作系统（Windows）精美实用，还有很多很好的文字和图表处理软件，让我们的写作、数据分析得心应手。

1995 年全球最大的 10 家软件厂商按软件商业额高低，依次为国际商用机器公司（IBM）、微软（Microsoft）、富士通（Fujitsu）、同仁（Computer Associates）、日电（NEC）、诺威、奥拉克尔（Oracle）、德国赛普（SAP）、数字设备公司（DEC）和日立（Hitachi）。在全球软件产业 50 强中，除五家日本公司、一家德国公司、一家法国公司和一家意大利公司外，其余全为美国企业。它们中业绩最佳的是微软公司，净利润率达 24.8%，而普通公司只有10%。

6. 个人计算机：信息社会的基础

计算机从“埃妮娅卡”开始，到70年代中期，在小型化方面已有了很大进展，但仍不够小，处理器也比较贵，基本上是工程师、科学家和政府部门的专用品。从商业的角度看，计算机一定要小到一个人就能搬动，而且造价要在1000美元以下才好，这样普通老百姓才可以负担，计算机也才能真正普及。一位年轻的计算机技术天才瓦兹很快预见到这一技术潮流，并说迟早计算机的处理器会成为一个小薄块。当时有人认为这是天方夜谭，取笑他：“这么小的小玩艺岂不很容易掉进了桌子缝?”瓦兹正色答道：“那就不要了，反正那时候处理器也会非常便宜，换一个了事。”

几年后，英特尔公司造出了更小更好的微处理器，叫“8080”，虽然刚问世时售价贵到近300美元，但经几年的技术改进，使售价降到了2.5美元，这时同类产品的零售价也在5美元以下，这是后话。与“8080”同时上市的还有一种叫“6502”的处理器，它比“8080”功能简单得多，但一上市就只卖20美元。瓦兹与好朋友乔布斯马上迷上了它，通过一系列精巧的设计，他们以“6502”为核心，做出了小巧玲珑、每台售价不到100美元的“苹果”电脑。70年代末，许多大电脑公司都没有预见到个人电脑市场会如此大，所以当瓦兹拿着“苹果”样机请求惠普公司生产时，对方却礼貌地拒绝了。瓦兹和乔布斯只好自己动手，瓦兹是技术天才，不断改进“苹果”机以博得普通老百姓的喜爱，而乔布斯是个商业天才，他巧舌如簧，赊来几十箱电子元器件。他们雇了几个人，在自己家的车库里开始组装“苹果”机，以后被风险资本家马库拉慧眼识中，资助正式办公司。马库拉曾是英特尔推销部主任，年方38岁成就百万家财后就退休享清福了，当他看见“苹果”电脑时，马上产生了再大干一场的激情。从此，计算机发展史翻开了新的一页——个人电脑时代。

1977年4月，苹果公司在旧金山首次展示产品，展台被围得水泄不通。人们看了又看，试了又试，填完了所有的订单。苹果公司从1977年到1982年，年销售额惊人增长：250万，1500万、7000万、1.17亿、3.35亿、5.83亿，6年增长200多倍。只有在信息时代，才有这种传奇。

由于公司成长太快，以及乔布斯的稚嫩与固执，后来苹果公司发生了内部管理上的问题。量变的积累必然带来质变，同样的，企业业务剧增后如果没有管理结构与战略的及时调整，下步发展就会面临危机，这是企业成长中一道必过的“鬼门关”。正在这时，1981年，IBM公司宣布进入个人电脑领域，它与苹果公司走的技术路线不一样，软件硬件都千差万别，互不兼容，对于顾客来说，他们要么选择苹果，要么选择IBM。IBM实力雄厚管理精良，又拉上了英特尔和微软分别作IBM电脑硬件和软件的技术后盾，它一心想搞垮苹果。姜是老的辣，IBM“心狠手辣”地开放了技术标准，这意味着，全世界可以自由制造IBM标准的个人电脑（即IBM兼容机），以此挤占苹果公司的市场。更可怕的是，IBM标准的个人计算机在市场上一多，就有形成行业技术标准的趋势；IBM几十年来一直明智地保持着与政府的亲热关系，时机一成熟，就施展解数，让政府以法规形式将IBM标准变成了个人计算机行业的通用技术标准。这一下，“苹果”公司面临灭顶之灾。鼎盛时期，苹果公司曾占领全美国学校教育电脑80%的市场，现在全线萎缩，一蹶不振，只在IBM未涉足的彩色印刷系统等领域还维持着不多的优势。这番较量，也是计算机产业发展的传奇故事，至今仍是说明技术标准重要性的最典型例子。美国“苹果”公司在计算机产业潮流中扮演了西楚霸王的角色，唯一不同的是，楚霸王被十面埋伏要了命，而苹果公司至今仍在夹缝中倔强而艰难地生存着。

IBM 成了个人电脑的大哥大，但它打败苹果公司所用的策略，也使康柏、德尔等后起之秀搭了顺风船，在个人电脑市场上，现在它们成为了 IBM 的强劲对手，IBM 又在酝酿新的战略。回顾变幻的风云，尽管产业列强们你方唱罢我登场，但个人计算机的发展从来没有因为谁的倒霉而放慢步子，它仍将是今后的主流产业之一。而且，不管这些列强们如何争斗，总是将个人计算机的市场越拓越大，最受其益的是制造中央微处理器的英特尔公司和制造软件的微软公司，它们本身并不是巨大的公司，只是个人计算机最主要部件的最主要供应商，个人计算机的产业巨头们不敢得罪它们。因为它们真正站在硬件和软件技术最高峰，技术的高峰使它们获得了巨大的产业财富。

7. 多媒体：给你一个缤纷的世界

众所周知，人们日常生活中使用的信息媒体是多样化的，有声音、文字，还有图形、图像等，依靠这些信息媒体，我们才能实现听说读写，交流信息。对于早期的计算机，主要用于科学计算，人与机器的交流是一个单调的过程，黑白的字符，沉默的指令，冷淡的屏幕；到了今天，情况不同了，计算机广泛且日常化的使用，人们希望计算机信息媒体也多样化。于是，多媒体技术便应运而生了。

多媒体技术是 90 年代发展最活跃、最迅速的技术之一，它革命性地改变了计算机的形象。多媒体技术在教育软件中有突出的作用，生动活泼、寓教于乐。笔者曾在展览会上见到了美国苹果电脑公司的一套儿童智力开发软件，鲜艳的画面、天真的卡通形象，配上音乐与故事解说，一下子就吸引了老老少少，让他们看得津津有味。笔者有一张《宠物》光盘，里面记录了几百只小猫小狗的录音和录像，平常在电脑上工作累了，只需鼠标点一下某只小猫，显示器上就会放出它的调皮录像，还有喵喵的叫声，煞是有趣。多媒体技术也极大地刺激了电脑游戏业的发展，“驾驶”坦克轰隆直捣敌营，那种感觉绝对可以让你全身心地投入。一把瘾过了几个小时后，你才猛然醒悟：“糟糕，时光消磨，玩物丧志!”诸此喜忧，都来自于多媒体电脑。

网络的普遍使用及技术的不断更新，也为多媒体信息远距离的传输创造了条件。比如政府部门可以利用多媒体网络举行电话会议；医学专家可以通过远程医疗多媒体系统，千里之外就可以为患者会诊，望闻问切如同亲临；笔者兄弟俩的多媒体电脑，通过国际互联网，即使远隔天涯也能互致问候，视频摄像系统可以马上传来对方扮的鬼脸，和面对面差不多。

多媒体技术方兴未艾。世界多媒体电脑市场 1992～1995 年间增长率达 30%以上（1992 年为 50 亿美元，1993 年为 65.8 亿美元，1994 年为 86.85 亿美元，1995 年为 117.45 亿美元），如果加上光盘机，各种视频卡、音频卡、通信与娱乐设备等，全世界多媒体市场销售额 1995 年达 240～270 亿美元，多么可观的产业规模啊!

8. 网络技术：将世界缩小了

前面的介绍，严格地来讲，只是单纯的个人计算机。在信息时代计算机之间也需要大量的信息交流，把若干台计算机联接起来，成为功能更强大的系统化的整体，可以很好地处理个人不能单独胜任的许多大问题，我们把个人计算机与它们的通信联接线路，统称为计算机网络。

网络给我们的生活带来了许多变化，比如近年开始的“网上购物”，借助网络空间，生产者把商品信息放到网络上，图文展示一应俱全，消费者直接上网“逛街”，网内成交、网外取货，少了中间环节，所以物美价廉。对“网上购物”惟一感到不高兴的是那些倒爷们。

让我们从一则新闻中进一步了解网络吧。1996 年高考后，中国人民大学招生办公室利用一台计算机通过电话线与广西壮族自治区招生办公室计算机网络相联接，首次实现远程招生。文科考生曾红梅以 685 分被录取，从而幸运地成为国内第一个被远程招录的学生。事实上，远程招生对曾红梅来说是无所谓，而真正体会到其便利和高效的，是招生办公室的工作人员。

广西壮族自治区招生办公室 1996 年建立了计算机局域网，从而使招生工作的每一个环节，包括核对计划、提档、分档、录取、录检和退档，都从过去的纯手工操作变为完全使用计算机。中国人民大学是此次的两个被广西壮族自治区招生办公室邀请进行远程招生试点的高校之一。

据中国人民大学招生办公室的王老师介绍，他只利用一台计算机（内装用于网络联接调制解调器）和通过电话线拨号接入广西壮族自治区招生办公室的计算机网络。在调出了相应考生的姓名、分数、报考志愿、政治面貌、体检结果等项信息之后，经过学校招生办公室老师的认真筛选，仅用 4 个小时就完成了 34 名学生的录取工作，并及时将最后结果反馈给广西壮族自治区招生办公室的工作人员。而这在以前，则需一二位老师专程去广西，在指定的地点进行为期几天的工作。

中国人民大学招生办公室主任吕老师称：招生工作走向信息化是大势所趋，它能够减少外界的干扰，而且节约经费，提高了效率。据悉，广西壮族自治区拟增加远程招生的高校，而且其他省份也欲进行类似的网络建设。

值得一提的是，计算机网络并没有将整个招生工作完全包揽。在中国人民大学与广西壮族自治区招生办公室共同完成远程招生后，中国人民大学还是派了一位工作人员去了趟广西，以加盖人大招生办的公章。因为如果录取通知书上没有学校招生办公室和广西壮族自治区招生办公室的公章，广西籍的考生就无法凭此通知书将户口由广西转入到中国人民大学。吕老师认为：现代高技术的应用与传统的行政程序不能完全吻合，目前在所难免，但通过一定的事前协商可以把工作做得更完善。

有关专家认为，信息化已逐渐渗入到人们的工作、学习和社会生活之中，并不断使之发生变化。对招生工作来讲，计算机和网络的广泛应用，对招生制度的改革将产生深远的影响。

现代企业内部建立计算机网络，可以全面管理生产，系统化地提高质量与生产率。现代计算机网络还改变了企业间竞争势态，使实力稍差的中小企业也能依靠信息资源，在全国甚至在全球发挥其灵活机动的竞争优势。美国企业界有41%的单位应用网络，而在增长的用户中则有75%为企业。企业及时在网上取得信息，同时将非战略性的本企业内信息在网上传播，用以提高市场的透明度及公正性，确保投资者和消费者对企业的信任。同时也利用网络向用户提供所需要的信息，以及远程咨询、技术指导、应用知识等服务。

跨地域大网络的出现和网络技术的不断发展，也为广泛地开展科研、开发、学术交流奠定了基础，网络改善了信息传递的时空和范围。人类之间的交流方式发生了革命性的变化。由于能及时掌握已有的信息资源，就可以不断开拓新的研究领域，从而产生新的科学和技术成果，并产生新的企业和开拓新的市场。

我们认为，网络最大的贡献，是终于把电脑从专业人员中解放出来，变成大众的实用的工具。这种戏剧性的贡献，不但大大促进了微机的发展，而且产生了一大批网络硬件和软件厂商。同时还产生了在网络上的服务行业。以往的图书馆和新闻单位等非赢利单位，逐步成为商业化的信息咨询行业。美国加州洛帕克未来学研究所所长保罗·萨福将这种变革描述为计算机领域的“第三次浪潮”。他认为，在第一次浪潮中，信息处理是关键；在第二次浪潮中，信息的获取是关键；而第三次浪潮的特点，就是计算机通过网络与其他人发生联系。

网络的宠儿国际互联网（Internet）还只是一个雏形，人们并不单单希望从网络上经过联机获得静态的信息，而是希望在交互式联系方式上对这些信息进行处理。而且未来的网络速度要快得多，结构也更为灵活。

纵横交错的信息网络改变了信息传递方式和管理结构，使其由等级型变为水平型，原来起上传下达重要作用的中层缓缓地被削弱，高层决策者可以与基层执行者直接联系，基层执行者也可根据实际情况及时进行决策。现代信息网络的发展，将促进政府革新其管理方法。

回首这短暂的半个世纪，我们可能会惊讶地发现，在这样短的时间内发生了多少令人叹为观止的奇迹。可以大胆地说，人类历史上从来没有哪一个阶段、哪一个领域像这半个世纪中的计算机技术发展一样集中、充分地体现了人类的创造能力和革新能力。明天的情形会怎么样？在经历了这样一段令人目眩神迷的发展后，也没有能力对未来的事情作肯定的估计，只有一点可以确定：信息技术将不断地发展，并更加全面、深刻地影响我们。

9. 信息技术的拓荒者

在下面的篇幅中，我们将一起回顾一段充满传奇色彩的年月，看一看当年的精英们怎样以西部拓荒者的精神在历史舞台上开拓、耕耘。信息产业是人类自己的杰作，而这些精英们，是人类智慧与挑战精神的化身。

①图灵：计算机思想的奠基人

计算机之父冯·诺依曼不止一次说过，艾伦·图灵是现代计算机设计思想的创始人。图灵本人原本并不是工程师，而是一位数学家，他是用自己的头脑、纸和笔去解决复杂而高度抽象的问题。他在1936年写成的一篇论文《论可计算数及其在判定问题上的应用》开创了计算机时代，他不仅提出了可进行数字计算的电子计算机的最早理论设计，而且预言了大约50年后将会出现会思维的机器。因此，他被公认为计算机早期历史上最伟大的理论家之一。

艾伦·图灵（Alan Turing）于1912年6月23日出生在英国的帕丁顿，他在3岁时就显示出惊人的记忆力，8岁时对科学产生兴趣，13岁时入舍玻恩学校读书，14岁时便无师自通，初步掌握了微积分。他对化学、天文学、无线电的浓厚兴趣和超乎常人的心算能力，给他的老师们留下了深刻的印象。小时候，他曾在给他母亲的一封信中写道："我总想以最普通的物质创造出新的物质，并且是以最少的能量。"

后来，图灵就读于剑桥大学英王学院，于1934年毕业并成为数学研究生。1936年，他转赴美国普林斯顿大学进修一年。同年6月成为普林斯顿高级研究所的研究生。正是在这一时期，他构思出所谓"理想计算机"，即图灵机。他在1936年写的那篇论文中，对图灵机作了详细的描述。这篇论文被认为是科学史上最重要的文献之一。它的问世，奠定了图灵在数理逻辑和计算机两个领域的地位。从数理逻辑的角度来看，图灵对"可计算性"下了一个严格的数学定义。据称，图灵当时撰写此文的目的之一即在于驳斥德国著名数学家希尔伯特关于任何数学问题均可解决的断言。希尔伯特认为判定任何数学定理真伪的方法可定义为在自动机器上可操作的活动。图灵则争辩说，只有可转化为算法的数学和逻辑问题，才能用自动机器而且是可接受相应算法即编码指令的自动机器去解决，然而并非所有的数学问题和逻辑问题都能转化为算法。图灵用严格的数学方法证明了：不是所有的数学定理都可以证明。

与此同时，图灵又对自动计算机该是什么样子，提出了自己的设想。这种机器在接到相应的指令后，会模拟另一台机器的行为。当时还是通过纸带机进行输入，机器可以读，正如图灵所说，能“扫描”纸带上的信息。因此，这种机器既能写下符号又能删除符号。

图灵对普林斯顿大学的印象极佳。他于 1938 年 5 月在那里获得了博士学位。他的博士论文的题目是《建立在序数上的逻辑系统》。当时在普林斯顿高级研究所工作的冯·诺依曼邀请图灵做他的研究助理，图灵没有接受，而是在 1938 年返回英国，就任英王学院的研究员职位。冯·诺依曼虽然未能与图灵一道工作，但对后者的科学见解深感兴趣，并把它们吸收到自己的研究工作中。

1950 年，图灵写出了另一篇经典论文《计算机与智能》。此文发表在《心灵》杂志上，提出关于机器有无思维的判别定义，即如果人们不能区分对同一问题的回答是来自人还是机器，那么，就可以说机器有了思维的能力。图灵预言，大约 50 年后，可以按程度玩模拟游戏的智能计算机将会出现。到 80 年代，人类的确朝着向他所预言的目标迈出一大步，“专家系统”的产生、发展，数目不断增多，应用日趋广泛，足以证明这一点。从某种意义上说，这篇论文奠定了人工智能领域的基础。

提到图灵，人们无不为他惊人的抽象思维、敏锐而深邃的科学思维所折服，为了纪念这位计算机技术的理论奠基人，现在国际计算机界的最高奖就是“图灵奖”。

②冯·诺伊曼：计算机之父

冯·诺伊曼于 1903 年出生于匈牙利的布达佩斯，自幼喜欢数学，1911年至1916年间他就读于路德中学，并成为该校数学最好的学生，在18岁时就与他的老师合写了第一篇数学论文。当然，他的超常智力并不局限于数学，6岁时他就能够讲一口相当流利的希腊语。

1921年，冯·诺伊曼被布达佩斯大学录取，但他的高等教育主要是在其他大学完成的。1921年至1923年间，他是在柏林大学度过的。在那里，他师从施密特学习数学，并听过爱因斯坦的讲课。后来，他转赴苏黎世的瑞士联邦技术学院，于1925年获得化学工程毕业证书。1926年3月12日，22岁的冯·诺伊曼在布达佩斯大学获得数学博士学位。1926年他在哥廷根大学学习期间，结识了一些优秀的数学家，并与同学奥本海默（J·R·Oppenheimer）建立了终生的友谊。

1927至1930年间，冯·诺伊曼在柏林大学任数学讲师，第一年就发表了5篇论文；其中3篇建立了量子论的数学模型，这一模型对这一领域的学术发展具有重要意义；第4篇论文是对策论的开创性工作；第5篇论文论及形式逻辑体系和数学极限之间的联系。也就是说早在30年代，冯·诺伊曼就已被公认为世界第一流的数学家之一。

1929年，冯·诺伊曼在汉堡收到普林斯顿大学请他担任该校客座讲师的邀请信，这便成为他一生学术生涯的转折点。1930年，他抵达美国，在普林斯顿大学讲授量子统计学，一年之后，他被聘为终身教授，讲授数理流体动力学。1933年，普林斯顿高级研究所创立，冯·诺伊曼成为该研究所数学研究室最早的6位教授之一，并且终生保持这一职位。

冯·诺伊曼一生中最重要的时刻终于来临。40年代早期，他在美国参加了第一颗原子弹的研制工作。这项工作即“曼哈顿计划”使他认识到计算机的重大价值。冯·诺伊曼的主要贡献是成功地研究出引爆原子弹的可靠而有效的方法即“内爆法”。

“曼哈顿计划”需要大量的数学计算，因此，寻找更快的计算方法对于冯·诺伊曼负责的工作可以说是当务之急。而他与计算机的初次接触却颇具戏剧性，此事发生在阿伯丁火车站月台上，时间是1944年6月的一天。这天，数学家兼军官戈尔斯坦发现冯·诺伊曼也在等车，他出于对这位数学家的崇拜，并想给后者留下一个深刻的印象，便说出了他正在参加研制一台名叫“电子数值积分计算机”的机器（即“埃妮娅卡”）。听到戈尔斯坦说这台计算机每秒能完成333次乘法运算，冯·诺伊曼极感兴趣地询问了细节。不久之后，冯·诺伊曼参观了尚未完成的“埃妮娅卡”。

1944年7月7日，冯·诺伊曼特地来到莫尔电子工程学院，“埃妮娅卡”正在那里组装。他对该计划表现出其他人从未有过的敬意，使“埃妮娅卡”的发明者之一莫克利（J. Mauchly）兴奋不已，他以最高的规格来接待冯·诺伊曼的来访，允许观看每一个细部并回答所有的询问。冯·诺伊曼则发现，“埃妮娅卡”的两个加法器的运算速度比他的心算快得多。也正是在他感觉到这台计算机的巨大潜力的同时，他已开始构思更好的计算机了。

由于采用真空电子管替代机电式的继电器作为开关，“埃妮娅卡”的运算速度大大超过已有的其他计算机。但是，它有一个致命的缺陷，即存储容量甚小，实际上只能容纳20个字长的十进制数，每进行一次新的运算，它就需要重新接通布满三面墙的6000个开关，为此要花上几天时间。对于冯·诺伊曼和“埃埿娅卡”的研制小组的成员，“埃妮娅卡”只是通向制造更复杂、更强有力机器这条道路的中间站，他们的目标是要造出具有存储式可编程内存的计算机。于是，他们着手研制“艾迪瓦克”（EDVAC）——离散变量自动电子计算机。

1945年6月冯·诺伊曼撰写了一份报告《关于“艾迪瓦克”的报告草案》，共101页。该报告总结了莫尔学院小组的设计思想，描述了新机器的逻辑系统和构造，称此机器为“甚高速自动数字计算系统”，具有一个可存储、可编程的存储器。“艾迪瓦克”由5部分构成：（1）计算器；（2）逻辑控制装置；（3）存储器；（4）输入；（5）输出。这台新机器较之“埃妮娅卡”有两个重大改进：一是采用二进制，以充分发挥电子元件的高速度；二是设计了存储程序，可以自动地从一个程序指令进入下一个程序指令。《关于“艾迪瓦克”的报告草案》是整个计算机发展史上一个重要的里程碑，它的问世宣告了电子计算机时代的到来。

但是，由于人际失和，在1945年底“埃妮娅卡”刚刚竣工时，莫尔学院研究小组内部，该小组和冯·诺伊曼之间爆发了关于发明权的争端，致使小组解体，“艾迪瓦克”的制造也随之陷于困境。具有讽刺意味的是，参加过莫尔学院“电子数字计算机设计的理论与技术”专门课学习班的一些英、美专家抢先造出了同类机器，而“艾迪瓦克”直到1952年才建成。

“埃妮娅卡”研制小组解体后，美国计算机研制中心从宾夕法尼亚大学莫尔学院转移到冯·诺伊曼工作的普林斯顿高级研究所。冯·诺伊曼计划制造一台供科学研究用的“完全自动的数字型通用电子计算机”，即以高级研究所首个字母缩略词（IAS）命名的“艾萨”机。1946年6月，冯·诺伊曼等人提出了《电子计算机逻辑结构初探》的著名报告，并开始制造“艾萨”机，5年后建成。“艾萨”机的计算速度之快是空前的，例如计算同样范围的24小时天气预报，“埃妮娅卡”需要24小时，而“艾萨”仅需6分钟。

因患骨癌医治无效，冯·诺伊曼于1957年2月8日去世。几年后制造出的计算机以其姓氏命名为“冯·诺伊曼”机，并且学术界对他当年提出、构筑的机器基本思想为“冯·诺伊曼结构”，以纪念他对计算机发展的巨大影响。

③肖克利：微电子技术的主要奠基人

威廉·肖克利（William Shockley）在计算机发展史上是最富创造力的人物之一，正是他领导了晶体管的研制工作。在他的领导下，贝尔电话实验室的一个研究小组设计出晶体管，他本人则发明了面结合型晶体管，这项发明通常被认为是开拓固体电子学时代的关键器件。为此，他和巴丁、布拉顿共同荣获了1956年诺贝尔物理奖。

威廉·肖克利于1910年2月13日出生在伦敦。他的父亲是矿业工程师，母亲是矿产勘探员。3年后他随父母返回美国，住在加利福尼亚州的帕洛阿尔托。他的父母认为他在家里会受到更好的教育，所以他一直到8岁才被送到学校读书。

1927年秋季，威廉·肖克利进入加利福尼亚大学洛杉矶分校。一年后，他转到设在帕萨迪那的加利福尼亚理工学院。1932年，肖克利获得物理学学士学位。尔后，他申请到麻省理工学院教学职位，同时开始攻读博士学位。他的博士论文的题目是“氯化钠晶体中电子波函数的计算”。这项固体物理方面的研究为他日后开创性工作奠定了基础。肖克利心目中的英雄是大科学家牛顿和爱因斯坦。他还崇拜冯·诺伊曼，因为后者能用“优美、简练的文字表达出抽象的概念”。

1936年，肖克利在麻省理工学院获得博士学位。当时，他虽有机会到通用电器公司和耶鲁大学工作，但是他选择了贝尔电话实验室。这是因为他想与诺贝尔物理奖获得者、电子衍射研究者戴维逊（C. J. Davisson）一道工作。他先被派往不同部门去获取一般技术知识，最后加入真空管部，此部门的负责人即是戴维逊。据肖克利后来回忆，当时担任贝尔电话实验室研究主任的默文·凯利（Mervin Kelly）在一次谈话中对他讲：“我盼望有一天能够去掉电话开关设备中的所有的继电器，而代之以某种电子器件。”凯利进一步向肖克利灌输这种想法，他说：“你能不能搞点电子学方面的工作?”凯利说这话时虽然考虑的仍是真空管，但这次谈话对肖克利后来对晶体管的研究产生了很大影响。

1945年，肖克利与布拉顿（Nalter Brattain）和巴丁（John Bardeen）共同负责固体物理学研究项目。他相信固态方法可能产生一种电放大的新手段。他曾说："目标是很普通的，但是我们毫不怀疑这种新手段一旦找到，将会产生巨大影响。"

40年代初，贝尔实验所的一位成员奥尔（Russell Ohl）揭示出半导体的某些有趣的特性。具体地说，他证明了一块硅晶体可以将光转变为电能。现在卫星上使用的太阳能电池就是利用这种效应工作的。奥尔当时正在研究用硅晶体作为雷达信号探测的校正器。他发现硅有两个区域，因含有不同杂质而成为半导体。他们集中研究了硅和锗这两种半导体。

二战期间，肖克利又去研究新型的场效应晶体管，用的是半导体技术。这次虽然失败了，但是使研究转向表面现象和表面状态。物理学家巴丁曾指出，肖克利场效应晶体管的失败原因是电子被束缚在半导体的表面，从而阻止了电场改变半导体的内自由电荷的数目。

1947年12月23日，点接触型晶体管诞生了。在这一天，利用这种技术首次演示了放大真人发出的声音。贝尔实验室的电子工程师皮尔斯（John Pierce）将之命名为"晶体管"（Transistor），是因为它具有"改变电阻"（transfer resistance）的重要特性，即将电流从低阻输入转变高阻输出。

1948年，巴丁和布拉顿获得点接触型晶体管发明专利。肖克利的贡献也受到重视，晶体管发明者的所有照片中都有他，而且10位参与研究项目的人中以肖克利起的作用最大。他高尚的人格对研究小组其他研究人员始终是一种鼓舞力量。

现在世界上有了晶体管，它的放大功能可用来进行快速的停启转换，使半导体电流沿着控制中的路径传递信号——此乃计算机操作的基本要求。1956年，麻省理工学院的数字计算机实验室与IBM公司联合制造晶体管化的计算机，这意味着庞大的装有5.5万只真空管的SAGE机行将退出历史舞台。1957年和1958年两年间，UNIVAC机和Philco机作为第一批晶体管计算机率先被推出并投放市场。

威廉·肖克利并没有满足于实验室里的成就，他清楚地看到了晶体管的应用前景。1955年，毅然投身商海，创办了一家半导体工厂，命名为“肖克利半导体实验室”，这是一个集研究和开发于一身的企业，它被认为是硅谷中第一家半导体公司。尽管这家公司未能持续太久，但它衍生出以仙童公司为代表的众多高科技公司，这对硅谷的意义远远超出了创办公司本身。工业界逐步了解了计算机，并逐渐关注这一领域，研究所、大学也将合作伙伴扩展到商界。作为一种产业，计算机技术的发展开始了一个新篇章。

肖克利本人对晶体管作为20世纪重要的科学成就有何想法呢？他认为某些医学上的发现可能更重要。他说：“我认为晶体管的出现是必然的，我估计，我不参与研究，它的问世至多只会推迟一二年。”

肖克利与巴丁和布拉顿共同获得了1956年诺贝尔物理奖。他在斯德哥尔摩接受诺贝尔奖的致词中提到：“往常有人问我非设计的实验是纯理论的还是应用性的。对我来说，更重要的是要清楚实验是否可以产生对自然界新的、或许是经久不变的认识。如果是这样，那么这实验就是一项很好的基础研究。”

④王选：将汉字处理推进信息时代

在中国，王选的知名度很高，他的名气是与北大方正、激光照排系统等联系在一起的。同前面的科学家相比，王选的技术贡献是深具中国特色的。

文字是人类文明的重要组成部分，世界上的文字多为拼音文字，即由少量字母排列组合成词汇，英语、法语、德语等都是如此，词汇虽不好认记，但拆开就是字母，很容易地利用计算机存储和传递。汉字是世界上惟一的表意文字，依类象形，人们可以解读甲骨文、钟鼎文，甚至看懂当年记录孔老夫子高论的文字，德国语言学家汉兹勒认为这是汉字最奇妙之处。相形之下，德国人连自己中世纪的文章都看不懂。但汉字是方块字，构造复杂，简体繁体各异，笔画不像字母那样容易拆解，不能直接用计算机处理。本来嘛，几千年文化的凝聚，怎能一下子拆个七零八落呢？但面对信息年代，如果不实现汉字的计算机处理，势必麻烦多多。最突出的就体现在印刷业。西方早就用电脑排印了，而且存储与传播都可用电子媒体，而我们仍处在铅字印刷的"白纸黑字"时代，印刷不仅费力费时，而且存储与传播都不便捷。国家很早就重视了这个问题，在周总理的关怀下，1974 年 8 月召开了计算机工作会议，提出了"关于研制汉字信息处理系统工程"的建议，决定由机械部（原一机部）、中国科学院、新华社和新闻出版署（原国家出版事业管理局）联合攻关，这就是"748 工程"。"748 工程"启动了中国印刷技术的第二次革命，王选投身其中，并直接承担了精密汉字照排系统的研究。

王选是个既擅奇思遐想，又能脚踏实地工作的技术天才。他出生于上海，以优异成绩考入北京大学数学力学系，理论基础非常扎实。早在大学时代，他就参与了"北京大学一号"计算机的调试，毕业后主持了"红旗"计算机的逻辑结构设计和整体调试。王选是个奇特的人，从小就病魔缠身，尤其是在三年困难时期还艰苦攻关，使这位学子再也撑不住了，低烧不退，尿血，白血球单位数目降到 3000 以下，先是被确诊为红斑狼疮，接着又查出了结节性动脉周围炎，大夫嘱咐他不可随便接触阳光，阴天出门也得戴上宽沿帽。由于极其虚弱，王选每吃一顿饭，得休息二三次，最后，只好回上海老家病休三年。可谁也没想到，就那么一个病恹恹的人，居然在强烈科研愿望的鼓舞下，恢复了健康。

身体刚恢复，兴冲冲投入科研的王选不幸又遇上了出身不好就被打入“另册”的时代。他备受精神折磨，只好不问世事，借发疯般地钻研文字处理技术来宣泄心中的郁闷。王选不知不觉中把研究水平推到了世界一流水平，更有意思的是，连病魔对这样的“疯子”也不敢招惹了。

王选在“784工程”中负责精密汉字照排系统攻关。当时国外照排机已经发展到了第三代。第一代是手动式照排机，第二代是光机式照排机，它们说到底都是照相机加打字机，机械装置带动，对精度要求极高，照排效率却不高，且不易改版。第三代是阴极射线管照相机，其原理是将字模点阵扫描到超高分辨率荧光屏上，依靠荧光使底片成像。当时，国内技术应用还在第一代，国外已经开始推广第三代，加紧研制第四代了。第四代是激光照排机，其原理是将激光直接打在感光版材上，幅面宽、质量高、效率很高。国外第四代的样机在70年代末就搞出来了，但只能用于西文处理，洋人始终琢磨不出中文处理办法，因为文字处理的核心技术之一是字模设计，即将文字的笔画信息抽象出来，用数字语言描述。对此西方不难做到，比如英文字模实际上对26个字母作抽象描述就够了，而中文汉字6万个，几乎每个字都比英文字母复杂，如果按西方文字处理理论，那信息量是天文数字，需要巨型计算机才能处理。这一下，中国人面对一个选择，要么在文字信息压缩与复原理论上突破，要么给每一个办公的人都配备一台巨型计算机。

王选扎实的数学基础，使他在与汉字的“数学游戏”中一点点地摸着了门道：他将汉字分为规则笔画（横、竖、折等）和不规则笔画（点、撇、捺等）；规则笔画，用参数来描述最好，对不规则笔画而言，则用轮廓描述最好。这是一个巧妙的想法，使规则与不规则能够“搭起架子来”。这一下就使描述全体汉字字形的信息量实现了500倍的压缩，即由2000亿减少到4000万，可以用微电脑处理了。两个世界难题解决了一个，剩下的是汉字压缩信息的复原问题。

复原可不是压缩的简单逆运算，因为还涉及到汉字的字形字体的可自由变化。王选不负众望，想出了一个办法，他构造出一组数学递推公式，计算出一连串点的位置，使它们按一定精度要求逼近原来的汉字笔画，以实现字模的复原，这样的点我们叫点阵，显示在计算机屏幕上的点阵就是汉字，可胖可瘦，可高可矮。世界难题就这样解决了。王选将他的这两项成果做在了一块黄豆大的芯片上，这个小玩艺，就是古老汉字的现代风采。

理解王选的独特思维的人不多。他的设计，意味着可以直接研究第四代中文激光照排技术，而当时国内的主流思想没这么大胆，好几个大研究院还在对第二代照排机艰苦攻关。王选看了他们的样机，大为吃惊。他说："我真佩服他们，能够千辛万苦地造出这么复杂的机械设备，更让我佩服的是，这样复杂的机械玩艺居然还能动几下。"

王选的设计远远超过了主流，所以他的方案在规模空前的照排系统方案论证会上落选了。不过，由于突出的理论贡献，他获得了"森泽信夫"奖。森泽信夫是日本人，也是个方块字专家，他发明的系统属于第三代技术，是当时亚洲最好的，"森泽信夫"系统雄踞亚洲市场，使他腰缠万贯，所以自豪地拿点钱出来奖励在方块字处理中作出贡献的人。在后来的一次报告中，王选说："我感谢森泽先生对我的奖励，不过我坦白承认，在他给我挂奖章和发奖金时，我却在心里说：我的技术比你整整强了一代，哪天国家实现了我的产品方案，我一定把你的产品在市场上挤垮。"果然，1994年，王选的"方正93"系统在亚洲市场上胜利地扫荡了"森泽信夫"系统。

话说回来，王选的天才当年没有付之东流，要归功于两位伯乐：电子工业部计算机工业管理局的郭平欣局长和“784工程”办公室的张淞芝主任，他俩虽都是项目主管人，可并不囿于“784工程”论证中众多专家们的结论。尤其是郭平欣局长，亲自到北京大学计算中心，详细考察了王选方案的模拟实验后，力排众议，毅然拍板支持王选，将“784工程”中汉字精密照排系统的研制任务下达给北京大学。北京大学立即给予王选大力支持，这位倔强的天才，终于结束了孤军奋战的局面。

1977年底，汉字激光照排系统实验模拟阶段结束；

1979年7月27日，计算机——激光汉字编辑排版系统主体工程完成，排出的八开报纸底片与样张，在国际印刷界引起了反响，尤其是日本人的震惊；

1980年，计算机——激光照排系统成功地排出了样书《伍豪之剑》，字形优美典雅。北京大学周培源校长把样书送给当时的方毅副总理。方毅激动不已，即兴题词：“这是可喜的成果，印刷术从铅与火的时代过渡到了计算机与激光的时代。”当时日理万机的邓小平同志也兴致勃勃地了解了这一成果，批示“应加支持”。

1981年7月，计算机——激光照排系统原理性样机通过部级鉴定，命名为“华光Ⅰ型”，其核心技术，登记了欧洲专利。

此后，王选主持的研究开发工作，由于国家的重点支持和方正集团的产业作后盾，中文激光照排系统越做越好，而且王选的身边，渐渐集聚了一批有志青年。国家给了王选应有的荣誉，现在他已是两院院士。中国学者奋斗一辈子，这就是顶峰。王选最欣赏一句话：“机遇只降临于有准备的头脑。”他的奋斗历程，是对这句话的最好诠释。

一个成功的男人背后，总有个坚强的女人。王选的爱人陈堃銶，不但是他生活的依靠，也是他事业的伙伴。王选的传记里，不能少了这一部分，陈堃銶与王选是同乡，也是北京大学数学力学系的同学。她早年丧母、父亲蒙冤，寄人篱下的生活使她从小坚强。当时的王选疾病缠身，貌不惊人，但陈堃銶却独具慧眼，看中了他的人品和才华。在王选病重的时候，她登门探望悉心照料，并主动提出结成秦晋之好。

王选擅长硬件，陈堃銶是位软件天才。王选在许多公开场合多次这样说："如果没有陈堃銶在软件方面的贡献，汉字激光照排技术不可能取得今天的成功。"因为激光照排软件的总体设计、操作系统和排版系统编制、编排的确定和命令，统统是在陈堃銶领导下完成的，她在软件方面，有几手无人能及的绝活。

作为王选的妻子，陈堃銶太苦太累，长期的超负荷工作使她患了直肠癌，幸好癌变没有转移，在手术截除之后，陈堃銶调皮地对王选说："你该发给我奖金呢！我为华光系统贡献了一根直肠！"王选听了，心酸不已。

王选的技术贡献自不用多提，可是作为一名科学家，最可敬的是他的"人梯精神"。王选在人才的组织与培养上，亦倾尽心力 。他不止一次地说：

"计算机是年轻的产业，也是年轻人的事业。自然规律是不可抗拒的。我今年已经快六十了，马上就不适合搞计算机了。王安电脑当年誉满全球，后来不行了，这同王安老了反映迟钝、判断失误是有关的。人要有自知之明，经济的竞争在于科学技术，而科技竞争又是人才的竞争，关键是要培养一批年轻的学术带头人和技术骨干。华罗庚先生提倡人梯精神，这很重要。我现在最主要的任务，就是创造一个尽可能好的环境，把年轻人推上去，让他们自由地寻找当代科技的突破点，自己决定发展方向，我不瞎指挥。现在，我有了点名气，可以更好地支持年轻人闯，他们出了成果，我最高兴。我在欧洲的专利，已经被身边的年轻人一次次改进，我就很高兴……"

在王选的支持下，年轻人一个个脱颖而出。34 岁的郑民获新加坡国际资讯展大奖，被破格提升为副教授；汤炽今年才 20 多岁，却是最大一个研究室的主任；1990 年萧建国刚刚获得硕士学位就破格提拔为副教授，现任彩色系统研究室主任。

单凭技术贡献，王选与图灵、冯·诺伊曼等还略有差距，但将王选的人格魅力和事业责任心也考虑进来的话，那么他可以当之无愧地和这些大师级的科学家同列。

三

从信息技术到信息产业

1. 何谓信息产业

在二次大战以前，欧美发达资本主义国家的一些与信息有关的行业已相当发达，包括邮政、电讯、出版、广播、电视新闻网等。当然，这些行业因为在整个社会生活中的地位并不突出，所以被分别归入农业、工业和服务业，而非某类新产业。

战后，随着微电子技术的发展，信息行业也得到了很快的发展。一般认为，信息产业在20世纪50年代始于美国，随后相继在日本和欧洲得到发展。由于这一新行业蓬勃的生命力，经济学家和社会学家创造了许多新名词，如：“信息经济”、“信息时代”、“后工业社会”等等。早在50年代，就有学者尝试提出“信息产业”，希望它归并于与高科技信息有关的行业，成为与农业、工业、服务业平起平坐的一个产业，有时，“信息产业”也被称为“第四产业”。第一个系统研究“信息经济”的是美国经济学家麦克拉普，他在其著作中概括了信息产业：

“这样一组机构——公司、机关、组织及部门或小组，但是某种情况下也可以包括个人和家庭——它提供知识、信息服务或信息产品，不论自用或是别人使用。”

麦克拉普又对信息部门作了更详细的分类，他想在国民收入账户体系中建立一套描述信息产业活动的账户。他将信息产业部门划分为初级和二级信息部门，初级部门包括厂商为市场提供的大批量信息产品和信息服务，即负责信息的生产、加工与分配；二级部门是指为政府或私营企业内部消费使用的信息商品与服务。麦克拉普的研究重点在初级信息部门，主要包括如下部门：

(1) 知识的生产与创造、产业研究与开发、私人信息服务业；

(2) 信息传播与通信业、公共信息服务；

(3) 风险管理、保险业（部分)、金融业（部分)、投机经纪人；

(4) 稽查与协调部门、稽查与非投机经纪业、广告业、非市场协调机构；

(5) 信息加工与传播服务业、电讯服务；

(6) 信息与电子产品工业，包括信息消费品、信息投资品等；

(7) 相关的政府活动、邮政服务、地方教育；

(8) 为信息系统服务的建设部门。

暂且不论这种分法是否权威和完全合理，至少由于麦克拉普先生的罗列，使我们对信息产业的内容有了个大致了解。为了让本文的叙述更明确，我们不妨将信息产业理解为以计算机产业和通信产业为主体的高技术产业。

80年代末在一些发达国家中，计算机系统进行信息服务所产生的价值已经占国民生产总值的10%。虽然对经济不发达的国家，这一比重没有那么高，但信息对经济及社会其他方面的影响也不可忽视。例如，据统计，电信使肯尼亚旅游业增加的收入是电信业投入的119倍。在我国，有关方面的研究认为，在电信方面每投入1元，给其他各行业带来的经济效益为18元。

现在，信息产业已与石油、汽车并列为世界三大产业，有专家估计，下一个世纪，信息产业将会成为世界第一大产业。不过，新生的信息产业不可避免地和其他服务性活动夹杂，所以至今各国的国民产值年度统计账户中仍未把整个信息产业归为单独的部门。

2. 信息时代催生产业大亨

美国的商业杂志素来热衷于给全球的企业和企业家排列名次，这些排名不仅表明财富分配的现状，而且一定程度上反映了世界经济的最新走向。1996 年《福布斯》公布了世界前 400 名富豪的名单。耐人回味的是，名列榜首的既不是承袭遗产的老式家族富翁，也不是靠房地产发迹的投机商，而是在电脑界声名显赫的传奇人物——微软公司的掌门人比尔·盖茨（到 1997 年年中已拥有 400 亿美元资产）。

与此相呼应，美国的《商业周刊》杂志前不久亦评出 1996 年全球 1000 家最大企业。在市场价值超过 500 亿美元的 24 家企业之中，电子信息行业有 5 家，它们是日本电报电话公司（NTT）、美国电报电话公司（AT&T）、微软、英特尔和惠普。

显而易见，在排行榜中，地区经济的繁荣催生了一批新富；老牌家族因其雄厚的根基也占据一席之地。金融投资家以其敏锐的视觉将权力从华尔街扩展到世界各地；而最令人们目眩神晕的是，诸如微软、英特尔等一批信息大亨，他们抛弃了父辈们艰苦创业的传统模式，没有自然资源和地产，也不雇佣成千上万名工人，只是在人与计算机以及“计算人”之间做些无休止的游戏，便能让财富暴涨，创造点石成金的神话。

比尔·盖茨和他的创业伙伴保罗·艾伦能排在世界首富之列，应得益于微软高额的股票市值，其 1995 年市场价值高达 710 亿元，全球排名第 12，远远高于诸如杜邦（446 亿美元）、福特汽车（428.7亿美元）和波音（293.7亿美元）这样的老牌企业。而微软的销售额则只有59亿美元，在美国排名第239位。其市值分别是资产额的10倍和年销售额的12倍。

与微软截然不同的是，在全球市场上叱咤风云多年的老牌跨国企业，以庞大的资产和巨额销售业绩做后盾，市场价值却不尽人意。通用汽车的销售额高额达1700多亿美元，其市值仅为416.8亿美元；宝洁（P&G）销售额为300多亿美元，其市场价值达602.8亿元，排在英特尔（620.9亿美元）之下，而英特尔的年销售额只有宝洁的一半，为150亿美元。

除了电脑界两位霸主微软和英特尔以外，网络厂商思科公司（Cisco）、软件制造商CA公司，以及提供国际互联网服务的美国联机公司（America Online）同样表现不俗。它们的市值分别为304.9亿美元、176.5亿美元和48.9亿美元，超过了自身资产和销售额的几十倍和上百倍。

更为引人注目的是，由于赶上了互联网络热潮的头班车。网景公司（Netscape）的发迹模式令许多人羡慕不已。这个詹姆斯·克拉克创建的公司，只凭着“导航员”软件让全球大约3000万台计算机联网，用了仅仅18个月就使财富暴涨到56.5亿美元。而网景公司的24岁的合伙人马克·安德烈杰，也一夜之间成为全球风云人物。另一个现代传奇故事是由27岁的美籍华人杨志远创造的，他创办的雅虎公司（Yahoo）在互联网络上淘金，成立不到一年就因股票上市狂升而使其成为亿万富翁。

当然，现今的信息大亨们的成功正是信息时代日渐来临的必然结果，他们手中握有的不是大把的美钞而是股票，是那些令人眼红的迈向未来的公司的股票。这不仅是华尔街金融家们的资金调动结果，也准确地反映了广大普通投资者的“民心”所向。

不可否认，许多取得了“辉煌股市”成就的信息技术企业目前还实力有限，这些大步流星的竞争者常要冒摔跤的危险，部分公司也会因过分依赖于一两个产品而被品位的变化和市场的转换绊倒在地。“但它们行动迅速，独具创意”，一位经济学家称，“在信息化潮流的推动之下，它们或它们的竞争对手，是能够上演一场更新观念的信息产业革命的。”

3. 改革是技术与产业发展之母

我们知道，从“技术”到“产业”的这一步，实际上就是科技转化为生产力的过程。信息技术的产业化主要是指其应用研究的科研成果走出实验室，经过商品化、市场化阶段，进而达到规模生产，即产业化。在这里，我们需要说明一下，商品化、市场化、产业化是信息产业发展的基本过程，不迈出这关键性的三步，就不能顺利使信息科学成果转化为现实的生产力。

商品化，使科技成果走出保险柜，以商品的形式而具有社会价值。市场是商品交易的场所，也是商品竞争和实现其社会价值的场所，没有市场化，则不能实现科技产品的推广与持续开发；产业化，是指以规模生产，使高科技走出作坊式发展而真正成为实业。技术本身只是一个行业向前发展的一种推动力量，如果没有应用，就没有需求和市场，失去这种吸引力，任何技术或产业的发展都将是有限的。

在西方社会，技术发展和产业发展都要遵循市场规律，而没有硬生生的管理体制约束。西方大学鼓励理工科教授与产业界密切联系，而不仅仅满足于“成果鉴定”；金融界有专门的“风险基金”来支持技术天才们创办高技术公司，这是信息产业发展的重要社会环境。而在中国，科研部门是“事业单位”，高技术公司是“企业单位”，管理体制的鸿沟使大量技术成果呆在文件柜里，直至过时。现在，科研体制改革也迈出了关键的几步，社会主义市场机制逐步形成，使情况好了一些。今天，我们不妨看看北大方正和联想集团的创业过程，看看它们如何在体制变革中挣扎着诞生。

北大方正是依靠激光照排印刷系统走上大发展的。北京大学王选教授主持国家重点科研项目，在当时计划体制的要求下，王选只负责科研，其成果由国家行政指定山东潍坊计算机公司独家生产。王选主持完成的“华光”激光照排系统于1987年通过国家验收，顺利投产。但不久，这种管理体制的弊端暴露出来了。由于山东潍坊计算机公司产品垄断，市场开拓力度与产品市场潜力差得太远，而且公司的技术力量跟不上，用户对售后服务意见很大。王选很着急，十年磨砺的顶级成果应该有更大的经济和社会效益，另外旧管理体制不能保障产品及时更新换代，这个市场可是外国公司睨视已久的，一旦它们大举进来，照目前的状况，山东潍坊计算机公司恐怕不是对手。鉴于此，王选奔走于有关部门，建议改变独家经营的局面，由具有各方面优势的“北大新技术公司”也承担生产该照排系统。由于王选的声望和市场现实，国家同意了他的请求。1988年，北大新技术公司获准投产，但产品以“方正”得名，以示与原“华光”区别。

由于雄厚的技术与良好的管理，北大新技术公司由小小企业一下子名扬天下，成长很快，两年后改组为北大方正集团公司，同时，顺利开发出“方正汉卡”、“远程通信传版系统”、“彩色排印系统”等。80年代，日本写研公司就进入了中国市场，当时的中国印刷界谈起中文电脑排版是“言必称写研”，北大方正很快纠正了这种说法，以其实力很快将美国HTS公司和日本写研公司从中国市场上挤走，而且一鼓作气闯进东南亚市场，在华文印刷界里将外国产品一点点扫荡干净。一位搞了一辈子报业的老华侨，用了一辈子外国人的中文系统，也盼了一辈子中国人自己的产品，当看到“方正93”性能如此完备和精良，不禁老泪纵横。现在回想起来，如果没有王选的奔走，或者他甘心做一个

“纯粹”的学者，如果没有依托北大的技术实力，如果没有国家管理体制的及时转型，如果高层主管领导思维僵化……怎么会有北大方正的今天！

如果说方正的创业是激光照排技术的缘分，那么，联想集团的诞生，则是活生生被“逼”出来的。这得从1984年说起。

当年，中国科学院在周光召院长主持下，推行“一院两制”的科技体制改革，这次改革意义非凡。因为它真正改到了长期计划经济体制的病根子上。所谓“一院两制”其实很简单，就是一举打破科研经费的大锅饭，而将中科院各研究所分为基础科学研究和应用技术研究两大类，前者国家计划拨款不变，后者计划拨款从1984年起，年递减20%，言下之义，五年断皇粮！计算技术研究所和其他应用技术研究所一样，这一下子紧张起来。

50年代成立的中科院计算技术研究所，汇集了近千名高科技人才。我国第一台电子管、晶体管和大规模集成电路电子计算机都诞生于此，但是在旧体制下，它们都没有成为商品。所以，有人讥笑计算技术研究所研制的计算机都是“公鸡”，要么怎么不下蛋呢！1984年9月，曾茂朝所长找来微机研究室副主任柳传志等人商量怎么办，其实大家都明白，只有一个没有办法的办法：研究所自己开始搞实业。于是，当场决定由王树和、柳传志等牵头开始搞，研究所为他们提供的全部东西如下：20万元启动资金，20平方米的研究所传达室作公司办公室，计算所的金字招牌，另外，经营、人事和财务完全自主。就这样，中科院计算所公司，现在联想集团的前身，被科技体制改革逼了出来。也真难为这些作了半辈子学问的人，本来他们与市场打交道一直限于下班买菜，而现在却由研究员、副研究员成了经理、副经理，而且一年必须为研究所赚几十万回来。他们懵懵懂懂，卖了一阵子电子表，又倒了几批旱冰鞋，总算初尝了“市场”的滋味。几经周折，最后公司决定：将计算所计算机专家倪光南“请下海”，并且将他的得意成果“联想式汉卡”商品化！倪光南时年45岁，是计算所最出色和最年轻的“正研”，为报效祖国，他谢绝了加拿大国家科学院的高薪聘请，毅然回国主持项目，从1974年就作出了中文信息处理的一流成果，计算机界无人不晓，只可惜一直未能把成果转化成产品。所以，当柳传志诚心请他出任“联想”总工程师时，倪光南只提出了三个条件：一不做官，二不接待记者，三不赴宴。第二天，他就来联想上班了。同王选一样，倪光南也把实现科研成果的社会价值，当成一生夙愿。在他的带动下，计算所许多高级知识分子都加入到联想，照大家的说法：这半辈子的研究生涯，“憋得慌”。

“憋得慌”这个词，真是道出了知识分子们的肺腑之言。

正因为“憋”了多年，所以知识分子们一下海就铆足了劲。原总经理助理毕显林，负责宣传展览筹划，年近五十的人，累得低血糖病，但一声不吭，天天喝着糖水，依然在外奔波。业务部的原负责人胡锡兰，花白头发老太太，主动要求天天守在公司柜台前，向每一位客户详细介绍产品性能。当听说她是副研究员，又是计算所曾茂朝所长的爱人时，顾客们都大吃一惊，钦佩之余不由感叹：“联想不得了。”

联想的发展，也正好应了这句话。殊不知，没有中科院“一院两制”的下狠心改革，联想不会被“逼”出来，而创造第一年营业额300万元，第二年1800万元，第三年7014万元的奇迹。原想，被逼下海，对知识分子而言宛如杀头，没想到秀才经商，苦尽甘来，居然前途无量！

从方正和联想的创业中，我们可以慢慢归纳出一个很重要的时代理念：光有先进技术不行，更重要的是懂市场与产业行为。产业发展与技术开发，相辅相成好比走路的两条腿。产业发展给技术开发提供必要的资金和明确的研究方向，技术开发的成功有利于提高产品竞争力，更好地开拓市场。事实越来越明显，最终决定我们命运的，不是技术的高低，而是产业实力的强弱。

同时，发展信息产业，要靠政府，尤其是在基础研究方面和产业启动阶段，政府的作用举足轻重，但从实业角度而言，信息产业主要还得靠有自主权的企业和自由的市场环境。在70年代后期，我国当时的计算机总局以行政命令建立了四个全国性的公司，即计算机服务公司（解决为用户提供售前售后服务的一系列问题）、软件公司（负责软件的开发和市场）、系统工程公司（为用户负责系统集成设计与实施）、计算机机房公司（负责各种机房设备的开发与生产和机房的承包工程）。但由于种种原因，这些既不像政府机构，又不像真正企业的“公司”没有创出什么效益，其中系统公司无形中消失，服务公司与软件公司合并，直至90年代中才恢复元气。所以，信息产业发展，要靠社会机制的根本改革，没有这些，一切都无从谈起。

4. 信息产业的淘金者

在前面一章，我们谈了图灵等几位计算机的技术天才。计算机乃至信息产业于今如日中天，不仅是技术天才的功劳，更与产业巨子们的努力分不开。他们不像技术天才那样精通计算机，但他们对于技术潮流及发展有敏锐的把握能力，他们抓住了一个又一个的机遇，他们的事业毫无疑问地影响了人类文明的进程。

①诺伊斯：开创半导体产业

诺伊斯于1927年12月12日出生在美国依阿华州的乡村，当时的乡村鼓励年轻人成为工程师，因为如果有机器坏了，坐等新零件运来是不现实的，可能要等很长时间，或者根本没指望，因此最好的办法是自己制作新的零件。这样，小诺伊斯迷上了工程技术。

诺伊斯读书后在数学和科技方面表现出了很高的天资，所以当他还在高中读书时，他家的一位朋友、格林内尔学院物理系主任格兰特·盖尔（Grant Gale）邀请他去听大学一年级物理学课程。1945 年春季，诺伊斯从高中毕业，被格林内尔学院录取，开始攻读物理学学位，并于 1949 年毕业。在格林内尔读书期间，有一次一支首批生产的晶体管在班里展示，全班学生中数诺伊斯对它最着迷。他说，当他听到晶体管发明的消息时，他感到仿佛被原子弹击中。

诺伊斯在麻省理工大学 1954 年获得博士学位，这时他想用所学知识做一点实际工作，而不想搞纯理论研究，三年后他应晶体管的发明人之一肖克利的邀请加入了“肖克利半导体实验室”，从事开发高性能晶体管的工作，与他同期被聘的还有另外 7 名才华横溢的年轻工程师。起初，诺伊斯很仰慕他的新老板，他赞同肖克利将问题分解为最简单的部分这样的科研方法，对于肖克利针对问题提出正确假设的天才尤其崇拜。然而，肖克利在忙于研制四层二极管的时候，诺伊斯等人则致力于研究如何将晶体管用作理想的半导体器件，他们与肖克利在总体技术路线上发生了严重分歧。1957 年春季，肖克利的 8 个得意门徒居然联合起来，向肖克利实验室的资助人阿诺尔德·贝克曼（Arnold Beckman）提出解除肖克利公司经理的职务，这使贝克曼感到为难，因为肖克利刚刚获得诺贝尔奖，他不能就这样简单地把肖克利赶走。同年 7 月这 8 个“叛徒”决定集体辞职。9 月，他们与仙童照相和仪器公司签约，由后者出资创办一家新公司——仙童半导体公司，年仅 29 岁的诺伊斯出任公司经理。这件事情在当时很轰动。那时，仙童公司和肖克利实验室是硅谷仅有的两家半导体企业。

1957 年，前苏联成功地发射了第一颗人造地球卫星，这刺激了美国半导体制造商。

美国第一个集成电路已由杰克·基尔比在 1958 年夏季制成，但无法投放市场，因为还有些技术问题没有解决。同时，诺伊斯在仙童半导体公司独立地发明了无需布线而将所有晶体管置于一块硅片上的方法。他把金属线印刷在氧化层上，晶体管的所有连结都可以在一次工艺流程中完成。这种工艺不仅可以把一个晶体管的所有区域用印刷金属线联结，而且可以把两个晶体管做在一块硅片上，并且可以用同样的方法联结。一旦两个晶体管可以做在一块硅片上，那么其他的电路组件也可以做在一块硅片上。简言之，这就是集成电路。诺伊斯找来律师，赶紧申请专利。

两年后，1961年，专利获得批准，微芯片的出现发动了电子学中的一场革命。下一步的工作应当是降低微芯片的生产成本。但这不是一朝一夕能做到的。第一批集成电路在1961年春投放市场，当时的售价是120美元。如此昂贵，几乎无人问津。然而，没过多久便出现了转机。同年5月肯尼迪总统敦促美国应在60年代末以前将人送上月球。美国国家航空宇航局（NASA）选择诺伊斯发明的集成电路装备空间飞船的机载计算机。对于仙童公司这是天大的喜事，它马上成为了每年创收几亿美元的大公司。微芯片的出现发动了电子学中的一场革命，人们公认诺伊斯开创了整个半导体工业。1969年7月尼尔·阿姆斯特朗（Neil Armstrong）登上月球，自此仅阿波罗登月计划购买的集成电路就在100万片以上。

1968年6月，因不满仙童公司在开拓集成电路市场上的拖拉，诺伊斯退出仙童公司，与好友戈登·莫尔（Gordon Moore）——当年的“八叛徒”之一，组建了一家新公司，即英特尔公司，致力于开发多种用途的集成电路。在诺伊斯等人的领导下，英特尔公司成为在计算机微处理器方面的霸主，产品从最初的8088、80286、80386发展到全球闻名的“奔腾”芯片。统计数据表明，在过去10年间，微电子技术共有22项重大突破，其中由英特尔公司完成的有16项之多。1985年英特尔公司的年销售额增长到13亿美元。英特尔公司生产的微处理器是全球数亿台个人电脑的核心，远远地将竞争对手甩在了身后，成为当之无愧的工业领袖。

1974年，诺伊斯将英特尔公司的日常管理工作下放给戈登和安德鲁·格罗夫（Andrew Grove），自己仅担任董事长一职。70年代末，他出任半导体工业联合会会长。1980年，诺伊斯被授予美国国家科学奖章。3年后，他的名字进入美国国家著名发明家名册。

关于未来，诺伊斯认为，计算机将越来越多地承担起人们不愿意做的工作。他写道："我想摆脱日常琐事，把它们统统交给智能计算机去做，从而把我们解放出来做那些人类能做而计算机不能做的事情。"

我们正处在计算机技术突飞猛进发展的时代，期待诺伊斯的预言完全变为现实的那一天。实际上，有些预言已成为现实。

②托马斯·沃森：缔造蓝色巨人IBM

在40年代，计算机是一些搞计算机的人为另一些搞计算机的人制造的。但是，第二次世界大战时，这种局面改变了。这种神奇的机器开始为大众所使用，这一转变应归功于托马斯·沃森(Thomas Watson, Sr)。虽然他自己似乎并不确信电子计算机的商业价值，但是他一手建立起来的计算制表机械公司业已成为商业巨人，从而在20世纪有能力迅速占据计算机企业的领导地位。

沃森是美国自由企业体制成功的典型。随着IBM公司（国际商业机器公司）的建立和发展，他成为全美国最诱人、最有影响的公司总裁之一。20年代和30年代，该公司成为自动电子机械和商用机器的主要制造商。50年代末，该公司跃居电子计算机和商用机器制造业的霸主。1985年，IBM营业额达50亿美元，有员工40余万，是美国第五大公司和世界最大的计算机制造商。IBM在40年代生产的计算机并没有任何技术上的重大突破。但是，若没有托马斯·沃森，计算机将可能永远是计算器，不会逐渐发展为具有信息加工能力的计算机。

托马斯·沃森于1874年2月出生于纽约州的坎贝尔芬格湖西南的一个乡村。童年时代，沃森帮助父亲在农场和林场工作，以此维持家计。尽管他对农场和林场的工作都不感兴趣，但他继承父母的价值观念：各种工作都要做好、尊重他人、着装整洁；最重要的美德是忠诚。沃森称之为“家庭精神”。他喜欢说：“一个人应该心里装着工作，工作装在心里。”

沃森的父亲希望他从事法律，沃森却在纽约州一所商业学校花了一年时间学习商业和会计，尔后于1892年5月在纽约找到一份会计工作。当时他每周薪水为6美元，可是会计工作并不合他的口味，他真正羡慕的是四处旅行的推销员，他们的生活浪漫无比。所以18岁时，他上路了，做一个推销员的助手，兜售缝纫机、钢琴、风琴，每周挣10美元。他不作出讨人喜欢的笑脸，不与人郑重握手，但是，人们喜欢他的沉默寡言。积蓄了一点儿钱之后，沃森在布法罗城买下一家肉铺，雇佣了几个帮手，自己却又上路了，这次以一名有成就的推销员为师，他们先为一家公司销售公司股票。这位推销员非常重视初次给人留下的印象，为此，年轻的沃森买了一套服装，并保证用笑脸待人。

不幸，这位推销员携款潜逃，肉店又倒闭，沃森失业了。1895年10月，他受雇于布法罗一家公司当推销员。后来的岁月证明，沃森是成功的推销员。1899年，25岁的沃森晋升为销售处的经理。他提出提高推销员士气的一个口号：“动脑筋。”他告诫职员们“我没有想到……”这种话会给公司造成重大损失。镶有“动脑筋”字样的镜框出现在公司各个办公室。20多年以后这个座右铭重新出现在IBM公司。沃森的成功使他不断晋升，公司还为他购买了房子和轿车。

1912年，他和其他30名公司职员被竞争对手指控为企图废除转手贸易。后来，由于和公司总裁意见相左，他被解雇。虽然有几家公司高薪聘他，令人吃惊的是：他选择了一家经济困难的公司——计算制表记录公司（CTR）。沃森心里明白自己的选择，他意识到对机器计算的需求，手工计算太费时间。1890年，美国人口统计体现了机器统计的价值，统计时间从7天减少到3天。

沃森对CTR公司的作用是显而易见的。3年后，公司的销售额从420万美元增加到830万美元。沃森不断鼓励工程师发明超过竞争对手的机器。又过了3年，公司的全部销售额升至近1400万美元。

1924年，50岁的沃森成为公司总裁，并将公司改名为“国际商业机器公司（International Business Machines Corporation——IBM)”。这个新名称显示出沃森对公司宽广远景的设想。尽管沃森十分了解精密仪器市场的潜力，但是他从一份报告得知：全国只有2%的计算工作由机器处理，这使他感到吃惊。至1930年，他开始考虑信息加工的问题。当时需加工信息量之大，只有非常精密的高速仪器方可应付。

但是，当时处在大萧条时期，致使他所作的努力效果并不显著。后来发生了两件事：其一是1935年“社会保险案”的出台，其二是“工资计时案”的出台。按照这两个法案，商业部门必须记录所付出的工资、工作时间和超时费。制表机和计时器的市场一下子就复苏了。当时已有的机器工作速度太慢，而电子设备的到来又遥遥无期。

为了寻找重大突破，沃森支持霍尔德·艾肯（Howard Aiken）在1937年提出制造快速计算器的建议。艾肯得到了10万美元的资助；最终，IBM为这个项目投入了50万美元。艾肯想让他的机器成为通用机，可以存储数据。设计工作从1940年开始，前后花了6年时间。艾肯的项目是IBM公司迈向计算时代的第一步。艾肯起初想在哈佛实验室制造他的机器，但是沃森坚持让他在 IBM 公司内制造，这样他可以掌握项目进展情况。艾肯的机器“马克一号”一直被认为是第一台通用自动数字计算机。后来，康拉德·朱斯（Konrad Zuse）在德国开拓性的工作传到美国后，人们才放弃这种观点。沃森与艾肯为“马克一号”的荣誉归属问题发生了争执，一怒之下，沃森命令他的工程师马上造出了超过“马克一号”的新机器，从而结束了争执。

这台新机器 1947 年完成，它比以前任何机器的功能都强大和灵活，超过了“埃妮娅卡”。它可以编微分方程，1948 年 1 月 27 日，首次在纽约市展示，当众计算了月亮过去、现在和将来的位置，引起轰动。许多年里，它是惟一可让公众使用的电子计算设备。

IBM 公司真正进入电子业是 1946 年 IBM603 机的制造，1948 年又制造了 IBM604，获得了巨大成功。以后的 10 年里，IBM 共生产了 56 万台 IBM604 机。朝鲜战争后，研制工作加快，IBM701 机问世，它主要为科学计算而设计。IBM701 机型小速度快，1 秒钟运算 2.1 万次。IBM 公司共制造了 20 台 IBM701 机，每月租金高达 24 万美元。

IBM 始终在技术创新上积极活跃。1981 年生产的个人计算机将其事业推上了新的高峰，至今仍主宰着计算机工业。沃森是了不起的商业巨子，既能分辨技术的潜能，又有商业组织天才，他也敏锐地认识到与他人，特别是与政治合作的价值。

沃森每天工作 16 个小时，不要休假。他所得到的回报是高收入。早在 1940 年，他的年收入就超过了 54 万美元。“对公司的忠诚是最重要的”，这是沃森的信条。他要求员工穿着黑色西服套装，白衬衣。“动脑筋”的格言悬挂在办公室的墙上，职员唱公司的歌曲、享受福利、参加培训、出席会议。沃森从不开除员工，因为这会损害员工对 IBM 的忠诚。沃森的做法是给员工更多的培训、监督他的工作，或让他做容易的工作。他不喜欢任何借口，失误的原因就是渎职。沃森向员工保证终身雇用，工人可以提意见，直接向他提。工长的任务是帮助工人，不是逼他们完成一天的工作。这种工作风格在后来的年代里流行起来。沃森超越了他的时代，日后证明他是对的：在50年代、60年代，IBM公司不断扩展，不断强大。罗斯福总统曾请他出任商业部长，沃森拒绝了。罗斯福又提出要任命他为驻英国大使，他也拒绝了。IBM公司在第二次世界大战时给美国带来了好处，战争也给IBM公司带来了好处。公司的总收入从战前6290万美元增长到战后1.417亿美元。

1956年5月，在去世前一个月，沃森将IBM公司海外业务交给了小儿子管理，将公司管理权交给长子。1956年6月19日，这位IBM的创业人，因心脏病发作与世长辞，享年82岁。直到去世，沃森仍然保持着IBM公司总裁的头衔。

③比尔·盖茨：创造软件产业的传奇

微软公司及其掌门人比尔·盖茨几乎是作为个人电脑发展史上的神话而存在的。因为即使电脑行业是一个充满希望和奇迹的领域，人们也很难坦然面对这样的事实：一个计算机行业的后起的小字辈，在不到20年的时间内发展成为市场价值高达400亿美元、全球雇员超过16000人的软件巨人。而其创始人，则由不名一文的穷学生发展为全球最富有的人之一，更重要的是，他让全世界数亿个人计算机用户俯首称臣，在计算机世界中，他简直是一位君王。

在比尔·盖茨身上，我们看到了高科技、高智力与巨额财富的统一。同时也很少有人能像他一样，将深刻的技术背景、精明的推销和富于远见的企业管理完美地结合起来，创造了个人电脑的新境界。

比尔·盖茨于1955年10月28日出生在美国西雅图市，父亲是一名成功的律师，母亲则是一名教师。童年的比尔·盖茨精力非凡，同时对自己感兴趣的东西无比地执著，任何事情都要争第一。得益于深谙教子之道的盖茨夫妇，小比尔能按照自己的兴趣成长，并培养自己的特长。父亲还鼓励小比尔多参加社交活动，培养协调与领导的能力。

1967年，比尔·盖茨被父母送到了西雅图一所名叫湖滨中学的私立学校去念书，这是西雅图市专门为权贵子弟而设立的最先进的学校。在这里，比尔·盖茨与西雅图领导阶层中最出色、最聪明的后代进行着面对面的较量。很幸运的是，湖滨中学并不是那种沉闷的、呆板的贵族学校，相反，这是一个能将学生的天才以父母想象不到的方式激发起来的场所。在这里，精力、智力、竞争意识、进取精神、欲望、商业敏感度和企业家意识是时刻被培养和激发的。比尔·盖茨在这里学到了许多，也结识了许多同他一样的计算机神童，后来他们一起创建了日后的软件王国。

1973年，比尔·盖茨离开西雅图，到著名的哈佛大学学习。用他自己的话来讲，是“为了向那些比他更聪明的人学习的”。按照他父亲的愿望，比尔读的是法学院，沿着律师的成长道路前进。但是结果出乎人们所料，比尔失望地离开了哈佛大学。在还有一年就可以毕业时，他放弃了唾手可得的学位，放弃了当律师这一摆在面前的一个发展顺利、待遇优厚的机会，转向了目前尚不明朗的个人计算机行业，与挚友保罗·埃伦一起创建了微软公司，开始了他们在个人电脑软件方面的奋斗。

1980年，初具规模的微软公司迎来了发展的新篇章：与著名的电脑厂商IBM公司合作。比尔·盖茨敏锐地抓住了这一机会，以其低廉的价格达成了与IBM的合作关系。这时，微软公司已经表现出不可阻挡的发展势头，在比尔·盖茨领导下，产品的市场份额逐步扩大，利润滚滚而来，看来没有什么能阻挡微软公司的飞速壮大。

数年后，微软公司羽翼丰满，开始独立地向各个强大的竞争对手挑战，并取得节节胜利，连拥有数百亿美元资产规模的IBM公司也在软件市场败下阵来。微软公司在比尔·盖茨的领导下，冷静、从容地击败一个又一个对手，开辟了一个又一个市场，直到奠定今天不可动摇的霸主地位。1995年，是微软公司和比尔·盖茨大出风头的一年，因为他们推出了令全球电脑界盼了好久的“‘视窗’95”软件，这是最新、功能最强的个人电脑操作系统。全球的广告费用花了5亿美元，可谓大手笔，惹得美国、法国、台湾等世界各地的微软专卖店前，人们排队等着买“‘视窗’95”。如此场面，如此企业，也就是比尔·盖茨能如此兴风作浪。

今天，比尔·盖茨向众多的非计算机领域又发动了新一轮攻击，包括数字电视、文化传播、信息服务等领域。究竟这位世界首富能否像他在个人电脑软件方面一样继续所向无敌，人们拭目以待。

④柳传志：坚强的民族企业家

柳传志曾经是中科院计算所的一位很好的学者，“下海”之前任微机研究室副主任。我们从前面联想公司“逼”出来的创业过程中，已经了解了一点柳传志。他当年是“被逼下海”的，很不情愿又别别扭扭地在市场上折腾了一阵后，居然一发不可收拾。时至今日，作为中国信息产业发展缩影的中关村，几经风云变幻，老一批的创业者有的功成名就，有的小沟翻船；各个企业的最高决策层也经常发生分化组合，比如“巨人”集团挖走“方正”总裁晏懋洵曾轰动一时，但这不过是诸多“大跳槽”中的一例。但柳传志一直没倒，联想从创业时的“十几个人来七八条枪”发展到今天成为中国民族信息产业的中流砥柱，一直是以柳传志为核心的集体领导。他们既艰难又小心地操纵着这艘大船，倔强地拒绝外资，精心雕琢出“联想”的企业文化，柳传志将他的领导才华和人格魅力，渗透到联想的整个管理机制中。

柳传志出生于党内金融专家家庭，曾在军事院校里长期磨练，在科研机关中是学术带头人之一。他博闻强记、反应敏捷，是谈判桌上的好手；他性格豪爽，有“本色总裁”之称。他不喜欢别人给他戴高帽，但对“本色”的评价却是欣然接受的。

关于联想公司的创业，有许多故事，“十八相送”是有名的一个。

1984年11月，计算所王树和、柳传志、张祖祥等11人，在所长的授意下，为“拯救”计算所而“下海”。头3个月，他们瞎打瞎撞，弄些电子表、旱冰鞋什么的，结果什么也卖不出去。无可奈何只好收摊。怎么办？柳传志和王树和呆坐在公司那间传达室改装的办公室里，谁也没有说话。柳传志说：“回家吧！”起身送王树和回家，一路上两人不时地讨论几句，但都不算什么好主意。两人想得到了沉迷的程度，结果柳送王回家后，王又送柳回家，接着柳再送王回家。最后，两人终于想到了一起：“倪光南和他的中文汉卡！”日后证明，这就是今日拥有几十亿资产大集团的起点。“十八相送”的故事就这么传开了。企业家对企业的发展如此关注，以致痴迷，企业怎能搞不好？

联想公司之所以能成为民族高技术企业中“不倒的大旗”，除了倪光南等技术人才的巨大贡献外，还凝聚了管理人员的心血。“以人为本”的联想管理机制，是柳传志开创的，也是值得大书一番的。

“以人为本”，选人用人为首要。联想职员每年考核业绩，奖勤罚懒，每几年来次大的人事调动，按柳总的说法，这叫“大洗牌”。这个部门干干，那个部门干干，触类旁通有益工作，而且你只有经过几回倒腾，才知道自己最合适的位置。这种大调整，在联想公司的高层管理层中亦如此。关于用人，柳总还有一招：“从纳鞋底到做西装。”很多到联想的人的确是学历高有抱负的人，但一律要从“纳鞋底”的粗浅活儿做起。柳传志认为：有“做西装”的本事，却甘心“纳鞋底”的磨练，这样的人才品格坚毅，联想公司才敢日后重用，不然一来就当主理裁缝，威风八面之后马上就会干砸招牌的事。

“以人为本”，选好用好还要管好。联想的管理很严。以前有人笑柳传志：“联想是惊人地混乱和惊人地创效益。”柳总一怔，从此，联想公司的管理才走上全面和正规的路子。当时，刚刚颁布开会不许迟到的硬命令。不料，在一次高层会议上，一位联想公司德高望重的老前辈却迟到了，大家都沉默了，按要求得罚站一分钟，这下怎么办？柳总走到老前辈面前，说：“联想的纪律不能坏，今天就委屈您站一分钟，下了班，我上您家站一个钟头去赔罪。”某次，柳传志在电梯里因故障被卡住了，他拍着门大叫：“我是柳传志！你们不管谁快到会议室去给我请假！”纪律之严，不在制定之严，而在执行之严。除了开会不许迟到之类的小约束外，联想公司更有几道“天条”。联想人以其管理严、效率高在产业界独树一帜。

柳传志的人才观很简洁：“人才有三种类型，第一种是能够自己独立做好一摊子事；第二种是能够带领一群人做事；第三种是能够制定战略。公司小的时候，更多地需要的是第一种人才；公司发展到一定程度需要较多的是第二种人才；公司发展到比较大的时候，第三种人才就尤其珍贵。”从 1989 年后，联想内部成立管理培训学校，开始在实战中培训后两种人才。

柳传志自己，是一位出色的战略人才。当年，国家微机纷纷出世，联想公司也有这种实力，但柳传志没这么干。他认为，国产货目前难创品牌，因为国内计算机企业技术与实力积累还不够，匆匆上阵的结果，只能是在赚点小甜头后，被外国货进来扼杀（几年后事实印证了这一判断），所以说现在应先走出去看看。这是很冒险的。如何走？柳传志想了个办法：“瞎子背瘸子。”就近利用优势，成立香港联想公司，香港合伙人信息灵通、精明能干，但缺乏启动资本，是“瘸子”，联想有启动资金，但一点都不了解国际市场，是“瞎子”。柳传志没有用什么“两强携手”之类的浮夸词语，反用“瞎子背瘸子，成就海外事”这种大实话，反映了他的海外市场战略。其实，联想也不阔，但有胆识，香港联想成立大会，风风光光，头面人物请来一批，场面直逼IBM。柳总认为，在那种地方开张就没声势，人家怎么信任你的东西？这也是柳传志的战略。后来，海外市场有波动了，联想亏了不少钱。大家心痛不已，想撤回来。柳传志在仔细分析了世界市场动态后，坚决认为，不能撤，再顶住一阵就好了，果然，几个月后，世界市场好转，联想有备无患，将市场开拓得更大了。现在，全世界的电脑主板卖10块，就有1块是“联想”，市场能打成这样，也亏得柳总一年有2/3的时间蹲在海外。

积累了足够的实力，柳传志有了信心，在外国电脑进入中国的今天，联想毅然推出了自己的精品电脑，品质、服务、销售手段、方方面面的管理，绝非当年的国货企业可比。几个浪下来，还真只有“联想”等少数几家没有倒。

柳传志就是柳传志，“本色总裁”，坚强的民族企业家，在世界信息产业潮流中闯出了中国人的风范。

四

信息时代的通信技术

1. 通信：引人注目的朝阳产业

在谈及现代通信技术之前，我们首先澄清两个容易混淆的概念：通讯和通信。事实上，二者所涉及的基本概念都是信息的传递和交流，在许多场合可“混为一谈”。只不过“通讯”包括采用各种技术手段，而“通信”一般只涉及电信通讯，尤其是与以计算机技术为主体的现代电子技术紧密联系。在下文中，我们统一用“通信”来表示目前以电信为主体的网络化信息交换技术。

现代通信技术体系中，计算机占据了核心地位。现代计算机技术和通信技术发展趋势的一个显著特征是二者互相融合。通信业成为信息产业的重要组成部分，通信市场迅速成长，成为目前全球经济体系中一个引人注意的中心。在这方面，一个活生生的例子就是大家有目共睹的移动通信市场的成长。以中国为例，数年前移动电话对中国人来讲还是带有神秘色彩的奢侈品，是老板们的“身份证”，然而在今天却不那么显赫了。统计表明，中国自 1987 年在上海、广州等地开放蜂窝移动电话以来，年增长率一直超过 100%，速度之快大大超出专家们的预测。到 1994 年底，全国移动电话用户已达 157 万，比上年增长 145.6%，到 1995 年底，用户数达 362.9 万，比上年增长 131%，到 1996 年 6

月底用户数已超过500万。采用模拟技术的移动电话刚刚实现全国漫游，联通公司和邮电部门马上又上马采用全数字技术的全球通（GSM）移动电话。目前更为先进的采用码分多址（CDMA）技术的新一代移动电话技术正在发展中。1997年7月18日，中国的第1000万个移动电话用户在江苏南京诞生。我国已经成为继美国、日本之后的第三大移动电话用户群。

上面我们提到了计算机技术和通信技术的互相融合，这个趋势表现为两方面：一是计算机技术在通信发展中起越来越重要的作用，使得现代通信网中信息的流动更加方便、迅速和智能；二是计算机本身日益成为庞大的现代智能通信网的基本组成单元，以至于目前有称未来的个人电脑为“个人通信终端”。如果说下个世纪的竞争主要是信息的竞争，那么信息基础设施，其中主要是电信基础设施的质量将直接决定一个国家的信息化建设的起点。

正是由于意识到了电信基础设施在未来的重要作用，目前世界各国都掀起了进行电信基础设施建设的热潮，最为引人瞩目的就是美国的国家信息基础设施建设计划，即通常说的信息高速公路计划。这些计划的力度和广度都相当惊人，预示着这个行当内广泛的商业机会和诱人的前景。丰厚的回报刺激着厂商不断推动技术进步，反过来又引发新的需求。在这样的良性正反馈下，通信产业能成为引人注目的朝阳产业自然就不足为奇了。

接下来，我们将从现代通信技术这一大背景出发，展示一个全方位、大纵深、多层次的现代通信格局，其中也包括一些全新的信息交换手段，向您充分展现现代通信技术的无穷魅力。

2. 现代通信体系的特点和手段

对现代通信体系的全面认识应该包括两个方面：首先在这个

体系中，最为先进的各项技术几乎都得到了采用。现代通信技术中包括了微电子技术、自动控制技术、微波技术、计算机软件技术等，是现代科技的集大成者。第二是现代通信体系中体现出的是全新的信息概念。信息被提到一个前所未有的高度，“在正确的时间，将正确的信息以正确的形式送到正确的地方”是现代通信体系追求的目标。另外信息流的规划、重组也被提了出来，这在传统通信中是没有体现的。总而言之，多层次、全方位、新手段是现代通信体系的几个重要特点，它们构成了与传统通信格局的主要区别。

所谓“多层次”，是指在现代通信体系中，信息的传送不再局限于传统的电缆线路。以往需要花费巨资架设的通信电缆，在性能上一般不如目前的卫星信道。由卫星、地面差转站一起组成的天地一体化网络成为目前通信网络的基本格局。今天，当我们接电话时，那清晰的语音可能是从脚下的电缆而来，也可能来自浩瀚太空中的人造卫星。通信技术不再表现为原来的单一平面网，它已经扩展到了今天的三维立体结构，表现出强烈的层次特性。

“全方位”，则表现在无论何时，无论何地，都可以将信息送到您手中的通信技术。借助于先进的技术，使我们所居住的星球变得前所未有的“小”，同时，人们开始关心信息的形式和交流的方式。在今天，大众离不了信息交流，全方位的通信是高质量生活的必然要求。

“新手段”，无需多言。很难想象没有现代科技的帮助，我们怎么将信息实现快速、方便的全球分发。就在您阅读本书的时候，您头顶上浩瀚的太空中就有人造卫星在飞快地传递信息，无数我们看不见，感觉不到的电磁波以及数不清的线缆一起构成了现代社会的信息生命线。

90 年代信息通信的发展是惊人的，一个以便携式信息终端、无线局域网、数字式手持电话、数字式移动通信设备为基础，同时融合高速、大容量光通信、宽带综合数据通信网，配合地面设施的卫星通信等各种技术的全球综合信息通信网络已经初露端倪。未来信息社会的框架已经不再是空中楼阁，我们拭目以待未来的发展。

3. 无处不在的移动通信

谈起移动通信，人们首先会想到日常生活中的“大哥大”。自 80 年代末期出现以来，其技术发展主流是从最初的模拟制式向数字制式转变；并随着服务范围的不断扩大，它的性能与音质也不断得到提高。目前中国市场的用户可以根据自己的实际情况与需要选择制式，数字制式性能更好，价格也贵些。移动电话不但方便，更是下一代个人通信工具的基础，如我们目前常见的笔记本电脑加上移动电话进行远程数据传输这样的应用例子。

无线数字通信的一大特点就是物理上间隔距离越长越能发挥其优势。数字技术很容易与计算机技术接轨，这对于下一代信息通信基础建设具有深刻的意义。从另外一个角度看，移动电话的出现意味着使用者不必“迁就”电话，信息通信开始以人为主体和中心来展开。

数字通信与多媒体技术的结合是提高个人电脑机性能的关键。在数字方式带来的信息个人化潮流中，还有另一个不容忽视的技术，即多媒体。其处理方法是运用数字方式将声音、文字、图像信息转变为数值，像电话一样实现双向通信功能。这些技术拓展了通信的方式和手段，使通信向高度和广度延伸。

当今的时代是以网络为中心的时代，网络的应用形式也在不断发生着变化。可以说，个人电脑与手持电话抓住了这一时机。现在已经有了使二者结合的雏形：个人数字助理（PDA）。个人数字助理可以说是移动通信技术最前沿的信息处理工具。PDA是由笔记本电脑派生而来，具有简易的个人机功能，比如可以进行文字处理、表格计算等。不可否认目前这种产品还不成熟，各方面有待提高，但作为下一代新型个人机的尝试，其发展将被人们所重视。因为它代表的基于数字式无线通信的多媒体技术是今后发展的主流。

在移动通信领域，其他值得关注的技术还包括：采用光通信技术的数字通信工具、在办公室内部个人电脑互联的红外线技术。另外，汽车也逐渐成为移动通信工具所瞄准的一个重要市场。在装有汽车导航系统或防震制动装置的轿车上，安装集电话、传真机于一体的个人电脑，便可在汽车行进中处理各种事务。另外，在导航系统上开发道路向导服务，可提供最新的交通状况。科幻小说中描写的情景，不少已出现在我们现实生活中。届时，传统办公室的概念将有些变化，只要信息灵便，什么地方不能进行工作呢？

4. 卫星通信技术

通信技术与空间技术的联系越来越紧密。这一特点在卫星通信、电视转播、无线电导航、军事侦察及军事通信等方面都已反映出来。卫星通信在许多方面显示出日益重要的作用，是保证通信网络无缝隙覆盖的重要技术之一，个人通信技术及移动通信技术都少不了它。在我国，它也是解决边远地区通信的重要手段。其实众多发展中国家都意识到了在目前的资金、技术水平上，铺设密如蛛网的光纤网络来实现以地面通信为主体的新时期通信网还十分困难，发达国家提出的“光纤到家庭”的口号在发展中国家是不现实的。卫星通信技术由于本身的特点自然就成为发展中国家建设信息基础设施时首先关注的目标。

1996年蒙特利尔召开的国际互联网（Internet Society）第6届年会上，亚非拉和东欧发展中国家代表表示了从全球信息网络中获益的迫切心情，这届年会上展出的若干项新颖的卫星通信技术引起了与会者的浓厚兴趣。另外，对卫星通信的需求也是因地面线路日益分散化所致。随着普通电话线的增加，在某些地区，国与国之间的信息联接只能用无线方式进行。

在急切要求的背后，费用是首要因素。对于远程通信基础设施不足的地区，对于山地较多的国家来说，卫星通信可以省去挖沟铺线之累。除了初装费外，卫星通信比地面网络管理费用要小，因为硬件维护量不大，配备的人员也不必太多，用户花费自然少些。

80年代通信卫星技术中最有意义的成就之一，是甚小卫星数据站（VSAT，又称卫星小站）的发展。VSAT将对今后通信的发展起巨大的推动作用。VSAT是一种具有收发功能的小型卫星通信地球站。用户只要坐在装有VSAT系统的办公室内，就能直接通过卫星线路与世界各地进行数据、话音、图文传真的高速传输。VSAT的通信天线口径小，只要1.2—1.8即可。它的设备紧凑，架设方便，只要两天时间就可以开通一个小站。至今全世界已建有11万多个VSAT终端站。我国以话音为主的VSAT系统已在1992年投入运行，并为用户提供数据通信服务。VSAT系统还可广泛用于各个专业部门的通信，例如中国人民银行建成的全国性资金清算及汇划系统。这个系统简称“电子联行”（EIS），利用它能满足金融业所期望的“快、准、平、清、安全”的要求。

卫星通信具备众多的优点，一些发达国家对其技术也非常关注。美国摩托罗拉公司推出的著名的“铱星”计划就是将数十颗近地轨道卫星送上太空，组成一个面向移动通信的网络。在这个网络下，全球的移动电话将实现高质量、低成本的环球漫游通信。

在某些地区，卫星联通后，下一步必将加速地面线路的铺设。用户和供应商很可能选用光纤技术，因为其传输速度快且信号质量很有保证。目前拉美的几个国家正在铺设地面光纤线路以与卫星线路联接起来。卫星通信技术和地面通信线路联合组成的天地一体化网络将成为最终的实现方式。

5. 以国际互联网络为基础的新通信形式

国际互联网络（Internet）是近来最受关注的事物之一。报纸、杂志上对互联网络对计算机技术的改变和影响谈了许多，其实，互联网络对通信业的冲击和影响丝毫不亚于它给计算机技术带来的冲击。互联网络不但为通信产业带来了全新的发展机会，也给传统通信产业发出了严峻的挑战。

国际互联网络是一个非常松散的耦合网络，在这里，没有一个中心的机构对互联网络进行管理，原则上任何计算机都可以加入到这个网络中，目前它的规模已经由最开始的5台计算机发展到超过640万台，用户超过6000万，覆盖了全球168个国家和地区。每天在网络上传递的信息多达100G字节（相当于5亿汉字的信息量）。在中国，联入互联网络的计算机数现在已有1万台，目前估计仅中国教育科研网络上就有30万互联网络用户。想象一下，这样大的用户群、这样广的覆盖面，你就不难理解为什么互联网络能对通信业造成这样大的冲击。下面将要介绍的是几种以国际互联网络为基础的信息服务。

①电子邮件服务

电子邮件（E—Mail），在国际上的正式名称为文电处理系统（Message Handling System，简称MHS）。顾名思义，电子邮件就是在互联网络上建立起个人信息收发、中转的站点。

早期的计算机网络研究人员意识到计算机网络能够提供一种

个人之间的通信方式，而且这种通信方式应该是将电话的速度和邮政的可靠性相结合。计算机几乎能够通过网络即时传送文件或信件到千里之外的另外一台主机的存储系统，这就是“电子邮件”，然后用户就能在计算机上打开此文件，通过显示器阅读或用打印机打印。

电子邮件的用户只要拥有一台计算机，同时拥有一个信箱名，就能在任何地点、任何时间，通过计算机网络进入电子邮件系统。电子信箱的基本操作包括“打开”、“关闭”和“清空”，对电子邮件的操作则包括取出、发送、转发和阅读等。

电子邮件起初是用来实现两个人通过计算机进行通信的一种机制。最早的电子邮件软件只提供了这个基本机制，而现在的电子邮件系统能够用来进行复杂体系和其他交互式的服务，包括：

·将一条信息发送给许多接收者；

·发送包括文字、声音、图像或图形的信息；

·将信息发送给国际互联网以外的用户；

·发送一条信息后，某台计算机的程序作出响应。

同传统的邮政通信相比，电子邮件有如下一些特点：

(1) 价格便宜。采用电子邮件进行通信，价格比起纸张通信来说要便宜许多，因为网络传输的只是一系列的数字信号，既没有纸张消耗，又不用邮递员去投送，费用低廉是理所当然的。邮寄一封普通国际信至少需 5 元人民币，而同样信息量的电子邮件只要几分钱；

(2) 传送速度快。电子邮件由于是在网络上传输电子信号，速度远远超过信函投递的速度。目前最先进的飞机飞过太平洋都需要数小时时间，而电信号却能在一秒钟内绕地球数圈。算上各种交换延迟，电子邮件可以在发出后的 10 分钟到达地球的任何一个角落；

(3) 安全性好，灵活。电子“信函”是存储在个人的电子信箱内的，需要收件人敲入预设密码才能被“打开”。另外电子邮件的传输机制保证了当接受人地址发生改变而无法“投递”时，电子信件将逐级退回返还给发送方。这样就等于是每一封电子邮件都是挂号信。

电子邮件服务是目前众多的互联网络服务中使用的最为频繁的一种，1995 年全球电子邮件收发数目是 1 万亿，而同期美国邮政的收发总数才 1 千亿。在中国这样的信息基础设施还不成熟、网络带宽不高的国家和地区，电子邮件服务可以向主流业务发展。据不完全统计，北京市目前就有 5 万以上互联网用户，他们的主要应用类型就是电子邮件。北京电报局还专门推出了专用电子邮件服务，每月只需交 50 元即可随时收发电子邮件。这些都极大地促进了电子邮件服务的普及。

②环球网信息发布和检索（3W）

传统的互联网络是基于文本符号，复杂的命令、令人望而生畏的界面吓走了许多潜在的用户。另外国际互联网是一个巨大的信息库，其上的信息分布在全世界各个角落的主机上。虽然你可以利用工具与远程主机进行联接，但是一旦进入了互联网络，你就会发现并不知道信息在哪儿。这就使得人们经常在网络上泡了几个小时，结果发现并没有找到所需要的信息，仿佛进入宝山而空手而归。环球网（World Wide Web，简称 3W）就是在这样的背景下应运而生的。

环球网工程的建立是出于一种设想，即让许多学术信息能更广泛地流入所有需要了解其内容的人手里。它的目标是实现全球信息共享。一个重要的特点是它采用了一种独特的信息组织方式：超级文本。即在文本中有许多“热点字段”，用户选中这些“热点字段”就会马上“跳转”到这个字段所联接的新的文本。这样的组织方式符合人脑跳跃式思维的特点，有助于快速、全面地获取信息。

这样一种简单但强大的全球信息系统，发展速度自然惊人。目前主要的互联网络用户都是3W用户，这几年来新增的用户几乎都以使用环球网为主。因为在3W中，传统的电子邮件服务(E—Mail)、文件传输服务（FTP)、远程登录（R—Login）等都在友好的图形界面下集成起来，互联网用户终于可以向难受的命令行界面说再见了。1995年8月，环球网站点就达到了50万个，1996年的规模将是数倍于这个数目。它的发展势头是如此惊人，以至于目前没有人能说得清在环球网上有多少个站点，只知道它在不断地膨胀、增长。

环球网上的信息检索十分方便。现在网络上有许多搜索引擎(Search Engine)，专门负责为网络用户在浩如烟海的网络中搜寻您感兴趣的内容。联接上这些站点后，用户在查询栏内输入感兴趣的内容，搜索引擎就能给您在巨大的数据库中进行快速的查找然后将查找结果返回给您。您可以从返回的内容中进一步去粗存精。虽然目前这样的搜索结果还不够理想，往往包含大量的冗余信息。不过这些冗余信息比起互联网络本身来讲已经精简了许多。正在开发的下一代智能搜索引擎将具备一定的智能水平，根据您的保留访问记录确定您的“胃口”，自动将您可能感兴趣的内容送到您面前。

在环球网上发布信息也同样简单。用户只需要有一台环球网服务器和一个惟一的地址标识（就想象成拥有一幢房子和一个独立门牌地址一样)。这样经过站点建设人员合理的资料组织和整理，您的信息就向全世界数百万站点、数千万用户敞开了。

早期的环球网纯粹是面向科学研究的，不过以环球网为骨干应用的互联网络应用已经远远超出了纯粹学术研究的范畴。今天，你可以很容易地在环球网上找到许多关于文化、艺术、法律等方面的东西，特别是近期出现的网络上的商业应用，如网上购物、网上银行等内容。所以有人说互联网络是20世纪末出现的最大的商业沃土。

环球网在中国的应用开展得非常之快，目前许多中文站出现在环球网上，在这个比特（Bite）的空间中展示中华民族古老的文化和今天崭新的面貌。下面是几个有代表性的站点介绍。

中国之窗（http：//power．Beijing．cn．net/）：

第一个中国人自己的源目录。北京比克公司的这个搜索引擎可按计算机、高科技、商业、体育、服务、休闲和其他共 7 个类别搜索中国的 URL 资源。另外，这台 ChinaBike 服务器的中国文化之窗、软件商店、国际互联网沙龙、出行指南等栏目也很有特色，在商海泛舟栏目里你能查到达成网的最新商品信息，而黄土地则是内容最丰富的一个栏目。

锦绣中华——文化之旅（http：//www．chinapage．com）

汇集了中国书法、篆刻、国画、手工艺精品的图片和介绍，包括台北故宫馆藏珍品；介绍中国的琴棋书画、历代诗歌、文学、哲学和传统习俗。

上海股市传真（http：//www．uninet．com cn/economy/sse-home/index．htm）

提供最新上海证券交易所股票行情，包括上交所上证综合指数、AB 股股价指数、当日 10 种成交股数最多和 10 种涨幅最大股票、股票行情日报表、上海证交所基金证券行情日报表、上海证交所债券行情日报表等。也能查询多日以前的上交所股票行情。

中国象棋世界（http：//www．ioorg/ ~ sung/xq/xq．html）

古老的中国象棋有其独特的魅力。在这里，“常见问题解答”

会向你介绍基本规则；“答疑”栏目则是你提高棋艺的良师益友；技痒难耐者还可以在网上与其他象棋爱好者即兴下一盘；在新闻组里还可与棋友交换弈棋心得；另外，还能得到当今国际和国内棋坛的最新消息和战报、专业棋手的国际排名情况等等。

其他海外华文杂志

联合早报　http：//www．asial．com．sg/zaobao/

星岛日报　http：//www．singtao．com

星州日报　http：//www．mol．net．my/sinchew

明报　http：//cuhk．hk/mingpao

世界日报　http：//www．netchina．com/world．html

环球电子日报　http：//www．infocom．net/～gedn

南洋商报　http：//asia online．com/nsp

另外国际知名的在科学研究以外领域服务的环球网地址有：

网络银行（http：//www．snfb．com/）

“安全第一”网络银行是国际互联网络上第一家电子银行，正如其名，该银行将安全放在第一位，采用了美国军用国防和敏感系统的安全体系。目前该银行提供的基本业务有：电子钞票兑付、在线交易登记、联机声明，以及支票转账等。电子银行具有存兑方便、用户费用极低、快捷高效等优点，因而极有发展潜力。

网上购物中心（http：//www．imall．com）

这是一个在环球网网络上解决衣食住行问题的好去处。这个地址实际是多家巨型超级市场站点的集成。用户在这里可以仔细对比货物的价格，查看前面顾客对货物质量的评论。最后确定您的购买决定。信用卡结算是这家中心目前惟一的结算方式，但是联接和浏览速度较慢是这个站点的一个缺点。

国际互联网络历史（http：//www. pbs. org/internet/history/）

互联网络已红透了全球，可是你真的了解她的来龙去脉吗？访问了这个站点以后，大家对其30年的发展历程可能会有一个崭新的认识。还有，话题栏目会让你了解互联网络对于你的真正含义：信息查询、电子信件、在线购物、求医问药、新闻讨论……总之，您会理解为什么说互联网络是一种新的生活方式。

复活节岛之旅（http：//205. 179. 4. 34/ElvirtualTour/VirTrEntrc. html.

复活节岛是太平洋中一个与世隔绝的神秘小岛，被称为世界上最大的露天博物馆。岛上巨大的石雕是一大奇观，也是不可多得的艺术品。然而复活节岛人留给我们的不仅仅是精美艺术和难解之谜，也有沉重的思考和深刻的教训。这里的介绍文字流畅，图片优美，还给出了许多网络上其他关于复活节岛信息的站点地址。如有复活节岛百科全书之称的站点 http：//www. netaxs. com/trance/rapanul. html.

美国联邦调查局（FBI）（http：//www. fbi. gov）

想知道美国联邦调查局这个庞大和神秘的机构目前在忙些什么吗？不妨到此地考察一番，这里有美国联邦调查局正在追捕的重要嫌疑人的公告，包括其姓名、照片、特征资料、涉嫌案件等等。对有些嫌疑人还设置了举报奖金，其中一位高达200万美元。此外，还有被绑架小孩的消息，希望公众提供线索。

6. 互联网络对通信业的冲击和改变

1993 年美国政府在发布信息基础设施倡议书中，明确表示了未来的信息网络对通信业的潜在影响。不过当时人们觉得信息高速公路还很遥远，通信厂商大都为信息高速公路所带来的机遇而欢欣鼓舞，没有过多注意可能的冲击。1994 年国际互联网突然出现在人们面前，3 年来互联网商业化取得巨大成功，尤其是环球网的快速发展被人们看成是未来信息高速公路的雏形。

国际互联网络发展给通信产业带来了无穷的商机，比如许多通信厂商均将目光放在了互联网络服务接入（ISP）上。个人用户只需要像申请一个电话号码一样向通信商提出申请，很快就会获得一个互联网络账号。企业用户更是可以借助通信商在互联网络上建立信息发布的站点。可以说，互联网络给了通信商另外一个奋斗和发展的空间。

不过，互联网络给传统通信业带来的冲击也当真不小。以互联网络为代表的新形式信息服务和以信息自由为主要精神的互联网络业务给老的通信领域和长期雄踞在这一领域的老牌电信厂商以很大的冲击。比如传统通信产业引以为自豪的电话，就受到了来自互联网络的有力挑战。这就是下文将重点介绍的互联网电话技术。

互联网络早期的互联网主要是数据通信，环球网的建立开始了多媒体数据通信业务。最初是非实时应用，随着技术发展实时应用逐渐开展，今后将继续向实时化方向发展。首先，将是实时音频业务，随后是实时视频业务的开展。以环球网服务器为基础的内部网（Internet）的出现及迅速发展，成为继互联网浪潮后的第二次浪潮，概括起来互联网对今后通信业发展的影响有以下几点：

(1) 互联网上的电子邮件、语音信箱、传真等业务价格低于公共电信平台上电信部门专营的电子邮件、语音信箱及电话传真业务，使后者受到冲击。

(2) 互联网上实时音频视频通信的发展将强烈冲击现有的话音通信系统。目前互联网上已出现的互联网电话用户可以付市话费用打国际长途电话，尽管目前话音质量还不算好，但已表现出强大的生命力。

(3) 互联网上的可视电话和会议电视的技术将不断发展，最终实现基于互联网络的可视电话和会议电视系统，从而取代基于昂贵专线的长途电视会议系统。

在这样的冲击下，一些大的电信公司正在考虑是将更多的通信资源放在互联网数据通信业务上，还是放在话音通信上。从本质上看，目前话音通信系统是固定信道和程控交换体制，资源利用显然不充分，而互联网是竞争共享总线带宽的体制，效率要高得多，自然成本要低。当然它真正代替现有话音通信系统还有很长的路要走，但这确实是一个值得考虑的通信体制问题。从技术的角度来看，基于互联网络的通信技术虽然还有待成熟，但前景委实不可限量。目前发达国家的电信商都开始认真地考虑这个问题，因为这与企业未来的生死存亡密切相关。

①基于互联网络的电话

两年前在互联网络上出现的利用多媒体电脑打电话的实验，最初人们认为这不过是业余爱好者的把戏，没有给予很高的重视。而目前，这项技术已经引起了厂商和用户的注意，甚至可以说在传统通信厂商中引起了“恐慌”。不说别的，单是“用市话的费用打国际长途”这一点就足以令许多用户愿意一试了。据不完全统计资料表明，因为互联网电话这一尚不成熟的技术，法国电信公司（French Telecom）在国际市场上每年就有9400万美元的收入流失；英国电信公司（British Telecommuncations）的年业务流失达 1.05 亿美元；德国电信公司的业务流失更是高达 1.73 亿美元。

在互联网络上打电话，其技术实质和目前主要的互联网络应用，没有多少区别，都是一个信息比特的传送问题。在个人电脑上配上声卡、话筒和适当的软件就可以了。目前许多高技术小公司开发了这样的软件供用户免费试用，一些很不错的版本已经开始发售。笔者就尝试过一个名为“环球网电话”（WebPhone）的软件，利用该软件曾与香港、新加坡的互联网络用户进行交谈。虽然通话时断时续，质量很差，但还是让笔者看到了一项崭新技术的曙光。当年汽车诞生时还不是又笨又慢，落在马车后面，可今天还有谁坐马车？何况网络硬件建设一日千里，没准明天我们的网络速度就有很大提高，可以同国际网友一起愉快地交流上网心得。

电信公司对这一点显然看得更清楚。1996 年 3 月美国电话运营公司协会 ACTA 向美国联邦通信委员会 FCC 提交了一份呼吁书，请求联邦通信委员会禁止销售通过互联网络打电话所使用的硬件和软件。在这份呼吁书中说，美国目前长途电话收费平均为每分钟 22 美分，而利用互联网络打长途电话每分钟收费才 3.3 美分，这样对 ACTA 所代表的 130 家中小型电信公司构成了冲击，而正是后者为通信基础设施建设承担了高昂的费用。但联邦通信委员会经过讨论认为：FCC 应该鼓励和促进任何能提供更高的带宽和更多的接入的努力，所以互联网电话应该在鼓励之列，市场取舍由消费者来决定。所以 FCC 不对互联网络电话软件供应商加以限制，也不打算对互联网电话实施与常规的电路交换电话相同的法规。这个决定的发布让 ACTA 十分失望，但其他互联网电话的支持者和消费者却高兴，因为它明确地为互联网电话扫平了法律上的障碍，消费者又多了一种市场选择。

大型的通信厂商，如美国电报电话公司（AT&T）和 MCI 公司对互联网电话却持积极的态度。原因是这些大型电信业务经营者不仅可以做语音传输业务，还可以做数据传输业务，语音业务的损失可以通过非语音业务的增长来弥补。从长远来看，鼓励新技术的发展对这些跨国公司在下一轮竞争中占得制高点，提高竞争力是有好处的。

互联网电话目前还没有对传统的电话构成实质性威胁，但随着互联网通信质量的提高和基于互联网的语音业务标准的建立，互联网电话将逐步具有实际商业应用价值，应用范围将逐步扩大到企业一级的领域，达到与普通电话一起竞争市场的局面。

②互联网上的广播

在互联网络上另外一个有希望的领域是基于网络的视频广播技术。看了上文的读者大概会很快认同这一点。既然计算机可以传播音频信息，为什么不能传播视频信息呢？这无非就是一个信息流量大小的问题。环球网的成功及其飞速发展不仅对传统的通信体制产生了巨大的冲击，对发展广播电视业也提出了新的思路——能否在互联网上开展音频和视频广播？尽管互联网的设计不是用来实时传送信号的，用于实时话音通信、可视电话、会议电话和实时音频及视频广播还存在不少问题。但随着技术的进步和互联网未来的改进和发展，在互联网上开展实时音频和视频广播是有可能的。

目前在互联网上实时通话已有多种软件，如 Internet Phone、Webphone、Digiphone、WebTalk 等，最近已有商品套件出售。在电视会议方面，CMU 的 Cu-Seeme 软件可在网上免费得到，可提供黑白影像会议电视。最近商品化的特色版的 Cu-Seeme 已有出售，采用多信道同播技术，可供 8 个用户开电视会议。美国国家航空航天局的 Lewis 研究中心 1994 年 9 月用这个软件进行实验性视频广播，播放发现者号航天飞机的发射情况。在这个方面走在前列的还有美国的 Progressive 公司，该公司是目前基于互联网络的实时音频技术和实时视频技术的领先者，其制定的采用资源预约方式的技术标准得到了工业界的广泛接受。该公司目前正在互联网上进行高保真音频广播，其接收软件实时视频播放器（RealAudio Player）可在网上免费获取，据说已发放了200万份拷贝。美国用户通过这个软件可以在互联网络上收听NBA比赛实况。

由于技术上的原因，基于互联网络的实时视频应用还不如互联网电话这样的音频应用一样普遍，但是已经有了一个良好的开端。从技术上来讲，互联网本身是一种双向的信息传播机制，非常适合于发展交互式广播业务，这一点已经在技术上得到了证明。从目前远远超过预期估计的市场接纳程度来看，网络视频业务的发展潜力是巨大的，是一个值得关注的领域。

③智能通信网

随着通信技术与计算机技术进一步结合，通信网必然向智能化、综合化、个人化的方向发展。未来通信网应该是一种宽带智能综合信息网。这种网络利用公共结合的电话网络，通过数据库高智能化技术，提供多样化及特殊的信息服务。在这些服务的提供中，计算机占据了一个非常重要的位置，所以互联网络在这方面就有得天独厚的优势。

智能综合通信网的提出，是为了适应社会高度信息化的需要，由于现代社会信息联系极其广泛和频繁，网络要传输各种不同形式的信息；社会的高度信息化，必然要求信息网具有大容量、高速度、高保真、高可靠、超小型、高覆盖等特点。

为了使通信网实现智能化，就要让网络在各种条件下以最优化的方式处理和传递信息。正如一个精干的秘书人员会按照对方的身份，机灵地根据对方的问话作出不同的回答一样，智能化信息网大体上也应该具有这样高的智能。传统的被动式的通信网将在有智慧的、主动且充满活力的通信网面前一败涂地。这种智能通信网不仅在任何情况下都能使通信设备处于最佳的运行状态，而且由于具有了智能，就能使网络具备许多新颖的高级功能。例如，在与对方通信时，主叫用户不必拨号，也不需按按钮，只要说出对方的号码或地址姓名就可以交流信息。利用翻译电话，操不同语言的双方，不必通过翻译就能自由地交谈。

通信网的综合化，有多方面的含义。一是技术的综合，也就是无论传输、交换，还是通信处理的功能都采用数字技术，以实现网路技术一体化。由于充分发挥数字技术的优点，使通信网的总体效益实现最优。二是业务的综合，即把各项通信业务综合在同一网络传送、交换和处理，并能在进行不同业务的终端之间实现互通。此外，还有一点是，通过模拟专用网等技术，使各种专用网络逐渐走向综合。一个综合智能通信网要实现将技术的综合、业务的综合和网络综合互相结合的目标。

通信网实现个人化，就能使移动状态的人们在任何时刻、任何地点都可以进行任何形式的通信。这种通信方式只有综合采用无线通信技术和计算机智能技术才能得以实现。

宽带化、智能化和个人化的信息网，将使人们能够有效地用多媒体系统（话音、图像、数据传输和传真电视会议等）进行全球性商业活动，这就给企业进行全球范围的经营、竞争、合作带来极大的方便。

7. “信息高速公路”：从神话到现实

信息技术对人类社会最集中最深刻的影响，就是“信息高速公路”，它将信息时代的神话变为了现实。“信息高速公路”既涉及到计算机的个人使用，也关系到整个国家的信息产业和政策，它是朝阳产业中的朝阳产业。信息高速公路的实现将彻底改变人类信息交流的手段，将通信技术提高到一个无与伦比的高度，为计算机厂商和通信厂商提供了一个大有用武之地的广阔舞台。

兴建“信息高速公路”的设想是几年前美国副总统戈尔任参议员时最先提出来的，但一直未有实质性的进展。克林顿上台伊始，便与戈尔一起郑重其事、雄心勃勃地重提这一大胆设想。1993年2月，克林顿和戈尔一起在硅谷访问时强调，建设“信息高速公路”是新政府技术政策的中心，被置于白宫科技议事日程的最突出位置。1993年9月，副总统戈尔和商务部长布朗正式宣布了实施美国国家信息基础设施的“行动日程”计划，揭开了美国兴建“信息高速公路”的序幕，并引发了全球建设“信息高速公路”的浪潮。

“信息高速公路”是一个容易被人们接受的口号，而它的学术名字叫“国家信息基础设施”，在美国政府的报告中，有明确的定义：“国家信息基础设施”是一个由通信网、计算机、数据库以及日用电子产品组成的完备网络；通信网、信息源、终端设备和使用者是其四大要素。国家信息基础设施中的通信网要做到“统一标准、互相开放、互联互通”。

美国政府的目标是，1996年先把100万户家庭联合起来，5年之内使全国大部分家庭入网，初步建成“信息高速公路”，10至20年左右，使国内所有地区、所有阶层的公民获得以各种形式进行信息交流的机会，为21世纪建成信息化社会打好基础。

①时代背景

近年来，信息产业发展迅猛。世界经济结构正朝着从物质型向信息型、从本土化向全球化的方向发展，“信息高速公路”就是顺应这种要求的。据估计，“信息高速公路”可望将使美国的工业部门的GNP在2007年增加到3210亿美元，劳动生产率增加20~30%。除了经济意义，“信息高速公路”也有一定的政治和军事背景。克林顿政府上台结束了共和党人长达12年的执政。因此，他们通过对国家信息基础设施的宣传，提出了进一步提高公民平等权利、改善就业条件和公众生活水准等很有诱惑力的口号，以便提高其在公众中的声望。此外，海湾战争的经验，使美国人充分体会到现代化战争就是大打信息战。因此，他们力图通过加速发展信息科技加强其军事装备水平，提高作战的快速反应能力和应变能力。显然，美国提出“信息高速公路”计划，还有加强其世界超级大国领先地位的国际政治目的和其他方面的意图。

信息时代对美国的最深刻影响是促使它实现从“星球大战到信息高速公路”的战略转移。克林顿有过如下讲话：“当前推动先进技术的动力来自民用工业。而不是军事工业。只有加强美国的民用技术基础，我们才能一箭双雕地解决国家安全和竞争力问题。”

“信息高速公路”也是通信产业发展的必然。目前，电话业务已趋饱和。但由于数据库、计算机网、有线电视以及多媒体终端技术的迅速普及与实用化，一些非话业务（如数据通信、图像传输等）的业务量正在逐年增加。电信业务构成上的这一明显变化使得发展“信息高速公路”的要求日益迫切。同时，计算机技术与通信技术的结合，特别是光纤通信技术与能到达千兆级别的传输速度的异步传输技术（ATM）的迅速发展使得“信息高速公路”的实现成为可能。

②政府牵头

下面我们具体地看一下美国“信息高速公路”的发展。

美国政府在 1991 年就制定了一个“高性能计算和通信计划”，旨在利用 5 年时间加快计算机及信息网的开发，加强美国在这些方面的领导地位，以支持制造功能更强的计算机，形成速度更快的计算机网络和产生更尖端的软件，为美国经济、教育、环保、生物工程等各领域提供技术支持，刺激产业界的生产与竞争能力。它含有 4 个方面的内容：（1）高性能计算机系统的开发；（2）高性能软件技术和算法的开发；（3）计算机领域的基础研究和人才资源的开发；（4）国家科研教育网的开发（仅1993年就投资1.2亿美元）。

目前，美国在“信息高速公路”建设中所面临的最大障碍是因网络分割带来的通信不畅。1984年美国下令根据《反垄断法》将美国电话电报公司（AT&T）解体，美国电信网络从此陷入“诸侯割据”的局面。目前，仅经营长话业务的公司就已超过600家。由于没有一个权威机构负责统一管理技术标准，因此，各公司为了自身的利益互相封锁，自行开发新系统、新业务。这不仅给网络互联带来了困难，也破坏了规模经济效益和网络的整体性，严重的重复建设，造成了极大的浪费。鉴于不同的利益，为共同完成“信息高速公路”建设所进行的联合屡遭失败，一些有识之士疾呼：“信息高速公路”建设，法律必须先行！这不仅涉及到计算机、通信等高技术发展问题，而且涉及到政治、经济和社会诸方面的问题。这些问题包括：各政府机构自身的改革和相互之间的协调；各界人士对信息网络的理解和支持；庞大的开发经费和投资的筹措方法；政府机构与民间企业、社会团体的通力合作等问题。

美国政府十分清楚它所面临的种种困难和障碍。为了加强政府对有关各行业的统一领导和有效地发挥政府的协调作用，克林顿亲自签署行政命令设置了联邦机构“信息基础特别工作小组”，负责制定加速国家信息基础设施部署所需的政策和计划。该小组由商务部长布朗挂帅，其成员均是来自美国联邦政府相应机构的高层官员。因此，有人又称该计划为“总统工程”。

1994年1月6日，布朗宣布成立“美国国家信息基础设施顾问委员会”，由他本人牵头，共有27位委员，广泛代表社会各界，以促进民间企业参与和协助“信息基础特别工作小组”的工作。接着，戈尔又于1月11日在洛杉矶举行的、有通信业和娱乐界1600多名主要领导人参加的会议上，概述了政府的一系列立法方针，并提出了实施这一计划的5项原则：鼓励私营企业部门积极参加；提供公开的、无歧视性的获得信息的机会；促进和保护通信中的竞争；防止出现信息“贫富”不等的社会；提供全民服务。随后，政府、国会开始制定各项标准，协调各方利益，审查有关的3项法案。1994年2月，戈尔索性推掉了环境问题总管的头衔，成为全国建设国家信息基础设施的最高协调人。

美国正在努力减少和排除不利于投资、不利于竞争的障碍，逐步落实所需的资金，促进各个网络的互联和支持通信网的标准化，以提出建议和以理说服的方式引导企业参与这项巨大的工程。

1994年6月，美国“信息高速公路”立法的工作终于取得进展，众议院分别通过了：(1) 电话公司和有线电视公司进入对方业务经营范围的法案（423票赞成、4票反对）；(2) 区域性本地电话公司提供长途电话服务并制造电信设备的法案（423票赞成、5票反对）。其目的是为实施“信息高速公路”计划消除障碍，促使在未来新技术和市场条件下跨部门、跨地区竞争机制的形成。

这一事件发生的背景在于，运用目前已进入实用阶段的新技术，电话线路能传输有线电视信号，有线电视线路也能传输电话信号。这些“信息高速公路”预想中提供的服务项目，只有在一些原有法律约束不复存在的前提下，工业界才有可能大量投资加以落实。该法案一旦成为法律并生效一年后，有线电视公司将可开设短途电话服务；区域性本地电话公司也将能编制自己的电视节目，拥有自己的有线电视发送系统，并可从长途电话公司租用线路，向消费者提供长途电话服务。

③企业参与

建设国家信息基础设施首先必须解决巨额投资问题。美国政府为完成建设国家信息基础设施这项跨世纪的宏伟工程，在今后

20年内需要拿出高达2700~4500亿美元的巨额资金。联邦政府不可能全部承担如此庞大的建设费用，主要得靠企业界出资出力。政府采取了明智的态度："有限介入、宏观引导，以立法手段支持，在具体问题上组织协调和实行灵活管理。"政府在1994年度预算中拨款5400万美元作为启动费，在1995年度预算中拨1.5亿美元，以后每年拿出一定数量的资金用于关键项目，其余大部分资金要靠企业界承担。

目前看来，美国企业界的态度是相当积极的，投资热情很高。1993年以来，为了更新技术、扩充实力，迎接国家信息基础设施建设的挑战，美国企业界刮起了跨行业兼并、结盟和合作的旋风，并形成了投资热潮。

据悉，美国AT&T公司用126亿美元兼并了麦考通信公司；西部贝尔也以25亿美元买下了第二大有线电视公司时代—华纳娱乐公司的主要股份。甚至，美国计算机行业中一些商场仇家，也纷纷弃嫌合作，如国际商用机器公司（IBM）和苹果公司。1993年10月，贝尔大西洋电话公司欲以330亿美元巨资收购全美最大的投资有线电视公司TCI，成为当时最引人注目的一个举动。如果此举成功，它将是迄今为止美国历史上规模最大的一次企业兼并行动。然而遗憾的是，正当谈判接近尾声时，联邦通信委员会（FCC）宣布降低有线电视收费标准，遂使谈判气氛骤变，最终导致谈判破裂，前功尽弃。另有其他两大兼并计划也未能如愿。人们认为，美国国家信息基础设施建设的进程可能会因此而延缓。尽管如此，积极兴建国家信息基础设施仍然是美国企业界的主流走向。

美国兴建国家信息基础设施，最早的投资者是MCI公司，投资数额为20亿美元；最大的投资者是美国电报电话公司，它宣布在7年内拿出160亿美元建设高速光纤传输系统。估计美国企业界在这场投资狂潮中将总计投资数百亿美元。

总之，美国电信、计算机和娱乐等方面的各大企业已经行动起来，“铺设工程”已在几个大城市动工，并在3个地方进行交互式多媒体信息服务的大规模试验。

美国政府这个计划的推出可谓一石激起千重浪。其他国家和地区看到目前在信息领域处于绝对优势的美国尚且这样重视，这才意识到信息技术在未来的重要性，纷纷效仿，将本国的“信息高速公路”建设提上议事日程。

④不甘示弱的欧洲

欧共体国家在有关“信息高速公路”的一些技术领域中，从整体上说，落后于美国好几年。但是，欧洲在这方面并不示弱。在欧共体国家中，英国的积极性最高，它计划今后10年内，投入380亿英镑建设“信息高速公路”。据称，德国也已开始在柏林进行一项有关的试验。法国则于1994年2月召开了内阁会议，并委托一位权威人士在同年6月提交了一份有关的分析建议报告。报告的主要精神是清除电信、信息处理业和新闻媒体之间的障碍，实现横向联合，减少前进阻力。欧洲议会支持的“槟榔(Betle)”计划，也已将法国和瑞典的4个研究中心连接起来。

欧洲委员会工业委员马丁·本杰宣布了整个欧洲建设“信息高速公路”的决定，并表示希望与美国合作。同时，欧洲委员会成立了两个小组，其中一个小组由电子、信息与通信等企业方面的有关人士组成，负责就如何建立“信息高速公路”提出建议、制订指导方针；另一个小组则负责研究实施这一计划的经济技术、有关的规章制度及政治方面的事务。

在欧洲电信联盟的支持下，阿尔卡特公司、英国电信公司等欧洲几家主要的电信公司已经从1994年4月开始，在欧洲大陆范围内试验采用异步传输技术的宽带光纤通信网络。这一试验涉及15个国家中的17个公司，于1995年结束。通过这一试验，欧洲创建了一个采用ATM技术的新的“基干”网络。它主要用于公众电信服务和数据传输，特别是大学、研究所和大公司中的大容量数据传输，也可用于可能会有很大潜在市场的“电视节目点播”及其他家庭交互式服务，还可用于电视会议等。

预计20世纪末前后，将最终实现现有网络和宽带网络一体化的目标。异步传输技术的采用也为多媒体终端拓宽市场开辟了途径。

英国电信公司采用电缆和光缆两种传输手段进行“电视节目点播”及其他家庭交互式服务试验，以便对这两种方案的成本和可靠性进行评估。因为现在大多数英国家庭仍然是通过电缆与有线电视中心相连。

有人认为，缺乏竞争是欧洲公众电信网采用先进的异步传输技术（ATM）迟于美国的主要原因。欧洲正在通过上述计划的实施尽力缩小这一差距。他们计划5年内总投资4430亿法郎（其中欧共体出资330亿法郎，私营机构提供4100亿法郎），10年内总投资9000亿法郎（投资回收期为40年）。

⑤ 迎头赶上的日本

日本早在1991年底就创建了有NTT、KDD、NEC和富士通等25家公司参加的“新一代电信网路增强基地”，目标是运用高速化、宽带化和高度智能化的数字通信综合业务网，实现以图像为主的可视服务、可获得丰富消息的智能服务，以及适应每个人不同需求的“个人”通信服务。1993年6月该国又发布了拟建大规模超高速的“研究信息流通新干线”的消息。当时报导的情况是：日本政府计划从1993年开始，在3年时间内投资约500亿日元（约5亿美元），通过高速光纤通信线路，将全国各地30个左右的主要研究机构和全国的公立、私立大学连接起来。上述各研究机构现有的50多台超级计算机将全部联网，由各省厅对超级计算机和学术数据库进行统一管理，以促使这些研究机构相互合作，共同利用遗传基因、材料、化学、原子能、卫星成像等方面的数据，提高研究开发效率。同时，这个网将向企业开放。将来，这个网还将与欧美的研究信息网络联网，以便与海外进行信息交换。

同时，日本政府提出了一个称作“曼陀罗（Mandara）”的高速信息网计划。该计划拟建设北起北海道、南至冲绳的10个巨型计算中心，采用高速通信线路将这些中心连接起来，从而构成一个庞大的高性能计算网。同时，将加紧研究巨型计算机的应用软件。这样一个纵贯日本南北、包容诸多系统的高速信息网络很像是佛教中排列众佛的图画或安置众佛的祭坛，即“曼陀罗”（梵文 Mandala，日本人常作 Mandara），该计划因此而得名。1993、1994两年为该计划的准备阶段。该计划从1995年开始正式实施，为期5年，总的经费预算为300亿~3万亿日元。

日本邮政大臣表示：日本未来经济发展的关键就在于通信和信息。日本政府将鼓励开发新技术，加速进行这方面的建设。

在建设日本“信息高速公路”的总体设想中，日本政府特别重视多媒体信息技术，从1995年起向全社会提供多媒体服务。日本几大信息产业公司宣布联手共建“信息高速公路”，令日本国人大为振奋。日本东京都将在邮政省、NTT、NEC、日立制作所、松下电器公司、日本广播协会等企业和团体的支持下，建立有100个频道的宽带数字化交互式有线电视网。该有线电视网采用光缆将试验中心与试验区内的办公室和住宅连接起来。目前，光缆已经铺设完毕。东京将于1996年春季利用该网进行电视节目点播、电视购物、电视健康诊断等远距离医疗服务以及办公室电视信息通信服务等大规模公开试验。在此计划中，用于成立试验中心和开发软件的经费约需30亿日元。这一切将为日本在21世纪进入信息社会奠定基础。

日本在“信息高速公路”建设中的特点是：低成本技术开发，争取产品超前实现商品化；用户重点为先企事业单位，后家庭；同时建成240万人的“信息流通新干线”科技队伍（占全国劳动人口的3.6%）。

⑥ **后起之秀：韩国**

韩国已于1994年初正式实施为期20年的“超高速信息通信网”建设计划。这一计划最早由通信部于1993年8月提出。1994年1月13日，通信部长官尹东润在向青瓦台提交的业务报告中报告了这项计划。金泳三总统指示要积极促进这项计划。为此，通信部成立了以国务总理为委员长的超高速信息通信网促进委员会，下设包括大约25名高级官员的工作委员会，对计划的实施进行综合管理。1994年3月23日，通信部正式公布了此项计划。随后，通信部又从有关研究机构和大学等方面抽调了一批专家，成立了一个专门的企划团，专门负责制订具体的实施规划。

韩国建设“超高速信息通信网”的战略，大体是从国家网和民间网两个方面分头推进，同时加紧开发所需的各种高新技术。该计划从1994年起，到2015年止，大体分3个阶段，总投资为44.77万亿韩元（1美元约合807韩元）。其中，国家网的主要服务对象是国家机关、研究所、大学和主要企业等与加强国家竞争力直接相关的部门和单位。此网还包括中央和地方政府等公共机关所运营的国家基干计算机网络、行政电话网等。必要时，还可包括民间和企业的计算机网络。国家网的建设经费主要来自国家的公共财源。民间网的服务对象是全体国民，其目标是实现光缆到户，建立广域综合信息通信网，向全体国民提供各种尖端信息服务。各种高新技术开发的目标是为上述国家网和民间网的建设及时提供核心技术，加强韩国多媒体信息产业的国际竞争力。这一技术开发工作将由产业界、学校和研究机构共同完成。

韩国最大的电信企业大韩通信公司（Korea Telecom）与电视公司及其他公司之间在承担“超高速信息通信网”建设任务问题

上的竞争十分激烈，仅汉城工程就有10余家公司互不相让。这种竞争的态势将使整个建设进程加快。

⑦ **独具特色的新加坡**

新加坡政府认为，在下一个世纪即将到来的时候，构成国家经济主体的基础支持环境将发生变化，信息技术为新的经济腾飞提供动力，并将重新定义和安排人们的生活和工作方式。基于这一点，新加坡在1992年3月就已发布了“2000年智能技术”计划，希望在2007年把新加坡建成智能岛，通过广泛的信息技术来提高人民的生活质量。这个方面最主要的举措就是由新加坡国家电脑局（NCB）、国家科学技术局（NSTB）和新加坡电信局（TAS）共同主导的新加坡国家网（One Network for Everyone，简称为ONE）。

新加坡ONE实际上是一个覆盖全岛的宽带信息基础设施，并作为一个平台来向社会各个领域提供信息技术服务。在基础设施一级，新加坡ONE主要包括以光纤为主要通道的城域网，并和已有的多个局域网互联。这部分的建设由新加坡电信公司（Singapore Telecom）和新加坡有线电视（Singapore Cable Vision）公司负责，采用先进的异步传输技术（ATM）。为了保证长远的应用，财大气粗的新加坡政府提出了“光纤到家庭”的口号，这一点似乎比美国人更加豪迈。

应用和服务是新加坡国家网建设的一大特色。新加坡政府在规划的时候，就明确地将应用和服务分为4个方面：政府部门、家庭、教育和商业、重点采取措施来鼓励这些方面应用的开发。在政府部门，公务员可以利用ONE来处理公务，家庭可以利用ONE来进行电子购物、网络游戏，享受电子信息服务。教育部门是ONE的最大受惠者之一。借助于这个无处不达的网络，高质量的远程多媒体教学将轻而易举地实现，为教育方式和内容的改革开创了新的天地。商业领域内从ONE享受到的好处则包括：

视频会议、电子商务、产品信息发布等多种面向企业的多媒体信息服务。

这项工程分两个阶段进行，第一阶段从1996年到2001年，目标是完善信息基础设施建设，保证全部的政府办公机构、科研机构和大学、公共图书馆联到宽带网络上去，同时有至少5000个家庭开始使用上述服务。第二个阶段从1999年到2004年，主要是开展应用推广工作，推进家庭应用，让老百姓个人活动作为网络的主要驱动力。

为了鼓励网络应用，新加坡政府明确表态在国家网建成的初期完全免费使用，费用由新加坡政府负担。当网上应用到达某个界值，即网络应用有了一定规模后，再考虑将网络的运营方式转为商业方式。

围绕“信息高速公路”，各国之间抢占信息高科技制高点的竞争已经开始展开，同时，经济利益驱动下的信息市场的争夺也愈演愈烈。如微软公司同麦考公司计划联手投资90亿美元建设全球性的、由840颗低轨道卫星组成的通信网络，以及摩托罗拉公司计划耗资33亿美元的铱卫星网计划等。一些跨国性信息企业也日益向国际化发展。

而且，这种竞争又有朝着政治化方向发展的趋势。最典型的事例就是关于“全球信息基础设施（GII）”的设想。该计划是美国副总统戈尔1994年3月在阿根廷举行的世界电信发展大会上提出的。其具体设想是：在北美，完成与加拿大的联网；在亚太与新加坡合作建设世界性的“信息高速公路”；在欧洲，与欧洲联盟携手建设以美欧为中心的“信息高速公路”，并希望日欧等国能够采用以美国为主导制定的技术标准。欧洲联盟则提出，由欧美日三方共同制定“信息高速公路”的国际标准。其直接的商业目的是使信息业供应商在全球范围内提供服务。因此，将涉及国际范围内贸易准入、国际标准、资费政策等一连串问题。西方已将有关“信息高速公路”的事项列入了在布鲁赛尔召开的七国首脑会议的议题。

1995年2月的七国首脑会议及5月的亚太经济合作组织会议都讨论了信息高速公路的建设问题，它已进入了启动阶段。日本建议建立局域化的信息高速公路以创造地区的经济繁荣，并提出了具体方案，除网上无纸贸易外，还将为远距离教学服务。此外，还提出要为发展中国家援建信息高速公路，以便于进行跨区域的文化交流、建立数字化图书馆等。这种援建当然是以开发市场为目的。

以信息高速公路为代表的新一轮国家竞争已经开始了。在这个领域，我们不能被人再次甩下，必须迎头直追才行。值得欣慰的是中国在经济实力尚不雄厚的情况下，也制定了“金字系列工程”计划，如“金卡”、“金桥”、“金关”以及税务系统、国家宏观决策系统、国家经济贸易系统、国家农业系统、国家教育网络系统等，汇入国民经济与社会信息化发展的大潮。

另外值得指出的一点就是，必须密切关注今后信息高速公路发展方向的问题。我国信息基础设施正处于规划和起步建设阶段，对未来发展方向应有清楚的认识，以少走弯路。我国国情决定了我们必须选准有限的几个突破口，集中人力、物力和财力在这些方面确定自己的优势，找到自己的切入点。目前外国大公司纷纷来我国推销其产品，其中有些可能是过时的或不太成熟的，未必符合发展方向，只有掌握发展趋势才能作出正确选择。一些新通信业务的开展也需在清楚掌握趋势后才能作出正确决定。近年来有些业务的开展就不太符合技术发展趋势，可能出现很快被淘汰的局面。例如，X. 25分组交换是当年为质量不太高的线路设计的，我国建立了高质量的电缆通信系统后，再大规模引进建设X. 25分组交换网就不如直接发展新一代的帧中继系统。后者减少了大量纠错开销，性能高，价格便宜得多。再如 1996 年开展的在中国公用分组交换网（简称为 ChinaPAC）上的增值服务业务 ChinaEDI（电子数据交换），很可能不久就会被基于互联网络的 EDI 服务挤垮。另外在信息基础设施建设时还要避免一哄而起，一味追求高新。这方面的例子也不在少数。如几年前中国某高校刚刚开始建设校园网时就采用了当时还不成熟的异步传输机制（ATM），结果钱花了不少，网络速度却不快，现在还面临着网络设备接口不规范的问题，应用效果还不如当时采用了成熟的光纤分布接口技术（FDDI）的兄弟院校。当然，以上几点只是笔者结合专业知识的几点个人看法，正确与否还有待商榷。总之，在规划发展我国信息基础设施的过程中，密切注意研究现代信息技术发展趋势，掌握动向是非常重要的。

五

世界信息产业格局

1. 美日欧三足鼎立

近年来，一些发达国家的信息化进程明显加快。1990 年，世界信息产业产值已达 4189 亿美元。据美国一家权威机构预测，到 1996 年这个数值将超过 1 万亿美元，年平均增长率为传统工业的 3～5 倍。目前，信息产业产值占各国的 GDP 的比重，在发达国家为 40～60%，在新兴工业化国家为 25～40%，但在发展中国家却不足 25%，差距明显。

美国在信息高科技及其产业化方面仍居世界领先地位。该国现有信息管理系统 50 多万个，计算机网络 1 万多个，电话普及率为 93%，微机普及率 31%，电子信箱的用户已达 5400 万。1993 年，仅信息服务业年营业额就高达 1796 亿美元。美国始终居于高技术发展的领导地位，得益于其雄厚的资本积累、大量的移民智力人才，也得益于富于冒险与创新的国民性格。美国硅谷、波士顿 128 公路等高科技密集区亦是全球信息产业的中心。

近年来，日本借助其在半导体生产技术方面的优势，大力发展消费电子工业，加速了该国的信息化进程。为了尽早占领未来的信息业市场，日本特别重视多媒体信息技术，自 1995 年起向全社会提供多媒体服务。同时，日本战后抓住机遇促使经济起飞，产业政策指导正确，大企业管理运营有效又大力开拓海外市场，使其在高科技电子产品方面形成了一定的国家竞争优势，现在的日本已成为孜孜追求上进的技术大国。

相比而言，欧洲的信息产业的实力弱一些，主要原因是一直到近70年代，政府和企业才充分意识到微电子、计算机技术的巨大经济与社会意义，发展慢了一步，而且涉及产业结构的转型发展等深层次问题。欧洲在计算机技术方面优势不明显，但在半导体、通信等方面的实力不可轻视。近年来，在“信息高速公路”的建设中，我们更值得注意欧共体国家的作用。他们不仅在某些信息科技方面具有很高的水准（像ATM交换等关键技术就是由法国首先提出的），而且由于欧洲诸强在国际性组织中占有多数席位，因此首先被他们采纳的协议和标准等，大多都成为以后的国际标准。

从全球信息产业竞争来看，除美日外，还有韩国、新加坡、中国台湾等后起之秀。它们均在一定的高科技产业领域形成了各自的竞争优势，有的还是垄断性的竞争优势，主要是利用本地廉价劳动力，吸引了其他发达地区高科技生产的转移。比如台湾的计算机键盘生产，一直保持全球第一。以劳动密集型生产积累资金与技术，弥补本身基础科研的不足，进而逐步加强产品技术含量，形成“后发效应”。信息产业的较快增长，这是东亚高科技发展的特色之一。近年来，南美洲发展很快的巴西等国也想走这条路，但终因高科技积累欠缺，不论从技术还是从基础研究上讲，都难以达到信息产业高速发展的要求，加之世界经济发展也有个机遇问题，错过的一段黄金年代，只好永远就错过了。

2. 全球信息产业中心——美国“硅谷”

①硅谷的由来

在美国西南海岸加利福尼亚洲，距离旧金山市区约50公里的地方，是圣何塞县的一片肥沃土地，两边是低矮的山脊，曾经果树茂密，1950年前是“美国的梅脯之都”。今天，梅子果园基本上已经消失了，代之而起的是未来型厂房、快车道和一排排新公寓。这就是“硅谷”——电脑芯片的故乡。不仅如此，硅谷还是个人计算机、磁带录像机、游戏机、音乐合成器、隐性眼镜、基因拼接等一系列高新技术的故乡。

“硅谷”这个雅号，是1971年当地一家报纸的编辑唐·霍夫勒提出来的，因为硅制成的半导体芯片是微电子工业的基本元器件，“硅谷”和“汽车城”、“钢都”之类的名字一样，是象征性的说法。这个雅号在70年代后期很快就出了名。

种植梅树的农民一搬走，郊区便扩大开来。圣何塞在1950年还是一个小乡镇，到1990年，就因硅谷的发展而成为全美第11位大城市，并赶上了旧金山，成为加利福尼亚州的第3大城市，仅次于洛杉矶和圣地亚哥。小小硅谷，拥有20万名大学生，6000多位博士，居民中的百万富翁超过1.5万人。它如果不是全世界，也是全美国的科学人才和新财富的最大集中地。硅谷也吸引了来自世界各地的参观者，尤以日本人居多。早在1981年日本就编出了极详尽的硅谷旅游图，显然，并非所有的日本人来硅谷只为看风景。

许多人把硅谷的崛起，归因于斯坦福大学及其科技园的发展影响。

②硅谷为什么成功

创始于1891年的斯坦福大学，是美国铁路大亨利兰·斯坦福夫妇为纪念夭亡的爱子而捐资创立的。由于一开始就以技术为发展方向，斯坦福大学没有多久就开始对附近的产业产生影响。当特曼教授成为斯坦福大学的副校长时，情况又有了戏剧性的变化。

特曼原是斯坦福大学无线电工程教授，学术水平高，也颇具商业头脑。为了给学校的发展筹钱，特曼走了一着妙棋，即于1951年建立了斯坦福研究园，以较低的地租价和丰富的智力资源，吸引高技术公司在斯坦福大学附近集聚。这是世界上大学附近专设的高技术产业园。地租收入和研究园中公司的捐赠，使斯坦福大学获得了可观的收入，特曼可以从东海岸一批一批地聘来很好的学者，为斯坦福大学逐步成为世界顶尖大学奠定基础。有心插柳幸成荫，斯坦福工业园成了硅谷的前身。由于特曼在硅谷发展初期中的重要作用，现在他被尊为“硅谷教父”。

加利福尼亚北部阳光灿烂的旧金山湾，气候宜人。它靠近太平洋，全年的平均气温在16至27摄氏度之间，湿度不大，毫不感到潮湿。如果在炎热夏天的下午，岛上的气温上升时，旧金山有名的雾气就会通过金门大桥滚涌而至，把气温降下来。这种每天发生的清凉现象，曾被形容为“大自然的空调”。旧金山是世界最美丽的城市之一，能使每一位访问者都发出最高级的赞美词。宽广的海湾是人见人爱的居住区。这个地区有些部分现在是开发得过分了，房价高昂，但是，加利福尼亚州北部的居民，仍然比世界上其他绝大部分地方的居民享受高得多的生活水平和生活质量。

因此，海湾地区继续吸引着寻找好生活的年轻人和受到很好教育的美国人，以及寻找好职业的拉丁美洲移民。这种情况造成了具备高度才能的科技人才集聚，他们是微电子产业的生命力。50年代和60年代，企业家们纷纷在硅谷建立公司，别处的公司也纷纷迁入硅谷，而当地的大学培养出想留在阳光灿烂的加州的科学、工程毕业生，就地为这些公司提供了现成的随手可得的人才。罗杰斯和拉森合著的《硅谷热》（1984年）中说，没有这个条件，硅谷可能永远不能起飞。

军事拨款也在硅谷发展的早期发挥了重要的作用。在50年代和60年代早期的一个时期内，美国国防部购买了硅谷芯片总产量的40%，今天的军事采购量比以往少了，只占公司销售额的约7~8%。关于军事采购在美国半导体产业的发展中到底起什么作用，争论持续不断。抱怀疑态度的人们指出，许多军事研究资金，事实上都在命运不佳的项目死胡同中浪费掉了。

风险资本对硅谷的发展起了关键性的作用。半导体产业在很大程度上造就了一批富翁，他们中的许多人告别了辛苦的技术开发，而凭藉对产业潮流的判断，成为风险资本家。这是个和赌博差不多的职业。他们在估计了一些人将破产、一些人将获胜之后，就用大把钱做点锦上添花的事，既然是风险资本，就可能血本无归，但成功投资却可以许多倍于原始投资而获利。

硅谷的个人公司获得成功的至关重要的原因，还包括良好的市场销售和公共关系。为什么有人要买这个公司的新产品，而不是别的公司的新产品？谁知道这个东西比那个东西好？这就是马克凯纳那样的公关人员的职责所在。马克凯纳有一个为公司精心编造使人非相信不可的形象的诀窍。他在为国家半导体公司、英特尔公司和苹果公司创造声誉的过程中，发挥了关键性的作用。的确，他发明了苹果这个名字和标识语以及“个人计算机”的整个思想。苹果公司后来从百事可乐公司雇用了斯柯利做推销员，进一步扩大销售量，之后斯柯利经营了这家公司。马克凯纳给公司以一种“人格”，并使公司在市场上“占领位置”。莫斯德克公司原来在技术上是和英特尔公司不相上下的，但是后来失败了。莫斯德克公司的塞文说，马克凯纳为了要使英特尔公司在市场上占据领导地位而发动了一场运动，在这场运动中他被“打垮了”。塞文说：“我不知道公关工作是如此重要，到后来发现时，已经太晚了。”

③硅谷风格

硅谷有良好的通信基础设施，有丰富的风险资本，有掌握技术的、流动性大的又没参加工会的劳动力。硅谷中的许多关键人物和公司，是从美国东部或欧洲来的。他们到硅谷来，或是逃避墨守成规的公司，或受加州的吸引，他们中不乏极受欢迎的和极使人厌恶的人。正像硅谷的企业资本家唐·瓦伦丁所说："美国东部是巨大的公司和僵硬的组织，个人是不能很好地适应它们的。加利福尼亚是前沿阵地，在经济上、社会上和制度上都还没有组织好，而首先是真正信奉纯粹的个人价值。"英特尔公司的一位经理曾说："在这儿，你不必随时都要把各种事情提供给某个该死的委员会，你只要自己把工作做好就行。"事实无情，美国东部三大电子公司：通用电器、威斯汀豪斯电气和美国无线电公司在这场微电子革命中完全败阵。

硅谷的半导体产业，从一开始就被认为是人的而不是公司的。专门的知识被认为是个人的而不是公司的财富。公司需要的技术，主要通过雇佣关键性的个人获得。于是，绝大多数电子工程师可以带着他们的得意成果，从一个公司"跳"到另一个公司而问心无愧。例如，1983 年 1 月的一天，英特尔公司的 17 位关键性的雇员同时离开，去创办他们自己的公司。硅谷有一个流行的说法："如果你想调换一下工作，你只要在你早晨去上班的时候，在 101 号高速公路上换一个出口就行。"一般公司的年工作调动率达 30 ~ 50%，猎取人才的代理机构用提薪和较好的工作条件频频引诱关键人物跳槽，事情被搞得更复杂。

劳动力的高度流动性对公司老板是一个坏消息。他们必须想方设法保住雇员。在 70 年代和 80 年代初期，在硅谷迅速增加的公司中，高工资、住房补贴、休假、公司健身房、星期五下午免费饮料等，这是寻常之事。分红和股票买卖特权等也已普遍成为挽留宝贵雇员的方法。人员的流动，对地区产业却是件好事，这培育了公司间的联系网。在以迅速发明为基础的产业中，成功必须高度依靠于信息交流。硅谷中的公司都很相似。信息可以通过与朋友和过去的同事之间的电话交流，或到大家都喜欢的硅谷小镇酒吧去聊天而获得。

④硅谷精神

独立自主地创业，是硅谷精神的主要部分。

硅谷中第一家半导体公司是“肖克利半导体实验室”。肖克利代表了战后新一代的科学企业家。他精明机灵，决心成为百万富翁，正是他开创了硅谷精神。对他说来不幸的是：他从美国东部招募来的绝大多数有才能的年轻电子工程师，都和他有同样的想法。1957 年，他们中有 8 人同时离开了他去创办了“仙童半导体公司”，包括诺伊斯和摩尔（后来他俩创办了英特尔公司）。人们当时对肖克利得意弟子们的“背叛”感到吃惊，但是，这种行为后来成了硅谷中的未来公司发展的模式。

仙童公司和曾在仙童工作的技术天才，在硅谷此后数十年的发展中产生了巨大影响。马隆在著作《巨大的成功：硅谷亿万美元的故事》（1985 年）中谈到：“1969 年在森纳瓦尔举行的一次半导体产业带头关键人物会议上，400 名出席会议的人中只有 24 人未曾在仙童公司工作过。70 年代初，有迹象可以看出，约 41 家公司是仙童公司以前的雇佣人员建立的。”毫无疑问，仙童公司的影响，可以很好地解释加州的半导体产业为何会这样集中。

硅谷许多重要发明是在小公司里完成的。这些小公司有从老公司里分裂出来的，比如制造第一台微处理机的英特尔公司；有“在自家车库里”起家的，比如制造个人计算机的苹果公司。硅谷人的思想意识里并不为赚钱而赚钱，他们把财富看成竞争能力的度量。硅谷人参加竞争的目的是为了取胜和成功。这才是硅谷精神的实质。

3. 日本的信息产业

①奇迹的创造者

40年前，日本人从生产晶体管收音机和电视机起家，到20世纪70年代，已经在音频、视频和家用电器的其他大部分领域中占统治地位。到80年代，日本公司瞄准了十分重要的半导体产业。日本已渐渐在许多专业方向上直逼和超过美国。从80年代起，日本人坚定不移地沿着“技术食物链”，从膝上电脑到工作站，再到超级计算机等领域，不断攫取市场份额。他们目前已经在自动机械工具、机器人、灵活制造系统等先进制造技术的关键部门中取得了明显优势，并在文传机、复印机等现代办公设备中占优先地位；在全球通信设备市场上，日本是头号卖主。

日本在战后创造的经济奇迹，也反映到了信息产业上。日本的迅速成长，主要是因为它实行了比较适当的工业、贸易和技术政策，有良好的工业和金融体制，重视使制造技术精益求精。同时不可忽视的是，日本社会具有独特的性质和价值观念。

②通产省是产业发动机

日本信息技术产业政策强调政府和产业界密切合作，并由通商产业省设定市场和技术目标。日本的“省”，相当于我们的“部”、“委”。通商产业省主管商业流通与产业发展，简称“通产省”，是日本最重要的政府部门之一。通产省通过向公司提供补助和保护成功地培育了尚处于襁褓中的信息技术产业，直至它的实力雄厚到能够自立。正如查默斯·约翰逊在著名的专著《通商产业省与日本奇迹》（1982年）一书中所解释的，通产省的官员一般都把工作目标瞄准某一个具体的市场或技术，然后细致地分析机遇，由通产省选定主要支持的公司，向它们提供研制基金，并在制造什么产品、打入海外哪个市场以及把经营规模发展到多大程度等方面给予“行政指导”。换句话说，通产省是日本经济发展的引航员和工程师。

有些人随后发表专著声称，约翰逊过高地估计了通产省在日本战后成功史中的地位。他们认为，自由放任的经济政策和具有高度竞争性的国内市场比集中计划起着更重要的作用。学者立野谢里登指出，通产省自1949年建立以来经历了5个时期。他说，西方的看法仍然停留在60年代。当时通商产业省要比现在重要得多，而这导致人们对通商产业省权力作夸大的估计。立野曾经称通产省为“没有牙齿的狮子”。哈佛大学的迈克尔·波特教授也强调，通产省的“行政指导”作用在最近几年有所下降，但它在鼓励国内竞争方面的作用倒应予以重视。波特说，促使日本在出口方面大规模出击的并不是通产省的计划，而是国内激烈的竞争和国内市场的饱和状态。日本成功的真正秘诀在于竞争、进取精神和不断创新。

尽管如此，通产省下达的“行政指导”和美欧政府相比，仍然大得多。学者冲本丹尼尔最近的调查报告表明，通产省不但没有滥花钱财，而且为日本公司充当顾问、提供信息、统一观点和进行游说，在这些方面起着至关重要的作用。弗雷德·沃肖夫斯基在一本关于集成电路市场争夺战的书中极详细地叙述了通商产业省怎样精心制定极为成功的超大规模集成电路赶超计划。这计划细致到具体规定允许哪些日本公司进入蓬勃发展的半导体产业。这一方面的“行政指导”似乎具有非常广泛的含义。

立野谢里登在他的研究中，叙述了80年代初，通产省如何选定14种准备迅速发展的高技术产业，并向有关公司提供直接贷款、补贴和贸易保护。通产省近年来还宣布了一些为期10年的计划，比如开发神经网络系统、光子处理和分子计算机等新一代计算技术。它还鼓励日本的公司对毫微技术等风险性较大的领域进行调查。与往常一样，通产省正在向希望参加有关研究项目的公司提供大量贷款和全面“指导”，如此大张旗鼓的行动，在美欧政府中不多见。

③贸易战的花招

日本贸易政策的基石是在国内实行保护主义，把外国人拒之门外，不让他们进入有限的国内市场；同时在国外提倡自由贸易，充分利用美欧开放的市场。正如克莱德·普雷斯托维茨所解释的，日本对信息技术的基本战略实际上十分简单：它认为既然某几家外国公司在某些专门技术知识方面走在最前面，且有可能取得主宰地位，那么本国国内市场就对之限制开放，以保护本国同类竞争企业。

信息技术产品的三大市场依次为美国、日本和欧洲。现在的情形是，美国的公司在美欧市场上的销售业绩蔚然可观，却不能在日本市场上做到这一点，而日本的公司在三大市场上都有蔚为大观的业绩，显然日本公司的处境较好。普雷斯托维茨说，如果美国在更大范围内坚持其自由放任政策，而日本继续实行其一整套合适的贸易、工业和技术政策，那么日本将在信息产业上继续扩张实力。

尽管有年复一年的谈判、接二连三的贸易协定，其目的是使外国公司得到日本20%的市场份额，但直到1992年初，外国人仍然只拥有日本芯片市场的14.6%。最近几年，美国制造商几乎不可能在日本销售巨型计算机，而日本也拒绝从美国购买光纤和电信设备，尽管后者的产品更精良。日本尽可能少买外国的信息技术产品，为的是让本国及时赶上去，直至能够自己投产。日本答复批评者时往往说外国人没有为在日本销售“做出足够的努力”。这一点在很多情况下可能是对的，但是也有情况足以证明，日本能把外国信息技术公司拒之门外，或至少严格限制它们的市场份额，是因为有一整套复杂的正式的或非正式的规章从中作梗。

④一切为了实用

日本对技术转让和研究开发采取了独特的方针，这使日本的公司得以在信息技术的大部分领域有计划有步骤地赶超其他国家并处于领先地位。一度以抄袭和仿造闻名遐迩的日本人在80年代迅速崛起，成为立野所说的“世界级创新者”。日本人所采取的赶超手段和技术转让手段有：发给转让西方技术许可证；与拥有实用技术但缺乏资金的西方公司搞合伙企业或合资经营；直接收购西方公司（特别是有前途的新开办的公司）；有计划有步骤地查访西方的大学校、研究机构和学生刊物以获取技术秘密；采取可耻的实业刺探手段，把知识产权偷偷摸摸地转移到日本手中。通商产业省选定的项目具有进行独创性研制和跟踪西方新进展这样的双重目的。

日本人对研究开发工作、知识产权以及“创造”这一概念本身抱有与众不同的观点。他们研究开发工作的方针是研究实际和注重实效，其宗旨显然在于把成果推向市场；西方对研究开发工作的方针是把在基础科学研究方面取得突破性进展定为最重要的目标。日本人认为研究与开发的“点子”对谁都有用，因此对点子是从哪里来的并不感兴趣，可以从任何地方得到点子；西方的方针强调保护知识产权，具体说就是版权和专利权。日本人认为“创造”是一个集体的、有组织的赶超，在这赶超中人们把点子集中起来，加以消化并用来研制新产品；而西方的方针则强调少数经营天赋的创造力。简而言之，西方对科学，特别是“大科学”更加着迷，而日本则对技术更感兴趣。

研究开发基金在美国有一半来自政府，多半用于军事；而在日本，不到20%的基金来自政府，80%以上的基金由公司提供，几乎没有什么钱用于军事。日本和美欧不同，它把重要的研究开发工作主要放在商业机构而不是大学校。的确，日本人往往对学术界的杰出人士和博士们多疑，更喜欢能够解决实际问题的实干家。一言蔽之，美国偏爱“研究”甚于“开发”，而日本则偏爱“开发”甚于“研究”，尽管通商产业省广为宣传其鼓励日本公司投资于基础研究的行动项目，最近调查表明公司仍然用牺牲研究的方法持续增加开发费用。索尼公司总裁盛田昭夫甚至说，更多的基础研究使各公司丧失竞争力。他以“沃克曼”步行者录放机并不含有新技术但照样获得成功为例指出，公司以及人员“最重大的任务”是研制有销路的产品。

美国产生诺贝尔奖获得者为数最多（占获奖者总人数的40%），而日本只占12位。这证明日本人是以技术为重点，而不是以科学为重点。日本科学出版物的数量增加缓慢，每年只增加大约0.5%。但是日本在技术创新方面却获得了巨大的成功；至1984年止，日本人获得美国专利的项目数量超过英国、法国和西德3国发明家得到美国专利数量的总和。尽管如此，日本仍然高度依赖进口的技术；最近几年，日本为获得许可证、专利权和特许使用权而付出的款项相当于它在海外出售专门技术知识所得到的收入的3.3倍（即30亿美元左右与9亿美元左右之比）。最近法院受理的案件或许增加了日本的开支。日本引进的技术大部分要由日本工程师作进一步“创造性的改良”，以转化成具有高度竞争力的产品。日本人总是留心可以谋取厚利的最好机会。

⑤ **独特的企业组织**

日本的工业和金融体制也为称霸信息技术领域提供了极为有利的条件。日本的实业公司有许多都结成关系密切的“系列”集团，即联营集团。经过调查已经发现日本有多种不同类型的“系列”集团。但大体上讲有两种：以单一产业为基础的“产业系列集团”，或称“纵向系列集团”（例如丰田汽车公司），和横跨数种产业，主要以银行为基础的“金融系列集团”（例如三菱公司）。“系列”集团起源于在19世纪兴起的日本大银行家族。这些大银行家族在本世纪30年代发展成为巨大的多行业集团企业，称为财阀。财阀对日本军国主义的兴起起了重要作用。第二次世界大战后美国占领军解散了财阀，但是有些财阀重新组合，成立了今天的“系列”集团。

日本6家最大的“系列集团”今天是三菱、三井、住友、芙蓉、第一劝业银行和三和，它们共控制着1.2万家公司，占日本国民生产总值约1/4。“系列”集团下属的公司合力经商，合力经营，合力规划，相互提供咨询和信息，合力限制进口，相互持股。在东京股票交易所，70~80%以上的股票属于“系列”集团成员的连锁股权。这些公司的董事长在作长期规划时不必为股东的短期收益过分操心。“系列”集团下属的公司跟银行有联锁关系，可以获得长期贷款。“系列”集团制度是日本的一个根深蒂固的社会传统，它的实力来自“哥儿们”关系网、近亲血缘和文化类同性。其结果是，所属公司内部一般都具有高度的献身企业的精神以及平和的劳资关系。这些因素都对日本在信息技术领域获得非凡成就起着极其重要的作用。

⑥ 追求完美的质量

日本的信息技术成就有很多跟制造业工艺精良有关。日本比较注意制造业工艺，这使它的大部分高技术产品具有竞争力。在60~70年代，日本货在国际市场与劣质货是同义词，他们想改进，但不知如何下手。与此同时，美国人戴明发明了一种生产质量管理方法，叫“全面质量管理”。他在美国鼓动了几年也没几个人理他，戴明去日本演讲时，日本产业界看出了戴明管理思想的价值，待他为上宾。马上“全面质量管理”在日本全面推行，使今天的日本能够获得较高的生产率和优异的质量。后来，日本天皇把日本的最高生产质量奖定为“戴明奖”。

日本社会比较重视制造工艺，执掌制造业公司的往往是工程师而不是通才。日本的信息产业制造商更加努力减少产品中部件的数量，实现部件的标准化，不断推出新产品。为了降低成本，他们根据预定价格进行生产而不是先制造产品然后定价。首要的一点，仍然特别强调质量管理，以生产“无瑕疵的产品”为目标，而在生产第一线的职工的良好合作又使这一目标得以实现。

⑦ **国民性格与技术发展**

日本社会的性质和价值观念十分有助于在信息技术方面取得成就。日本有其独特的国民性，这种国民性赐予日本一个强大的联合体，它在动员全国力量在高技术领域赶超和领先于别国方面发挥特别良好的作用。

日本有丰富的人力资源。它有一支遵守纪律、刻苦工作、博学广闻和积极肯干的职工队伍，这是一支为本公司和祖国的成功而献身的“公司部队”。日本的职工即“薪俸士兵”，每年平均工作2150小时，假日很少超过10天。和美国人相比，日本人平均每年多工作225小时，即差不多6个星期；与法国人和德国人相比，日本人平均每年多工作时间达到545小时这一惊人数字，即差不多14个星期！当然，这些数字目前出现了下降的趋势，因为经常有“过劳死”的消息从日本传出，而且一些调查也说明在日本的工作场所劳动极度紧张。政府方面试图在全国缩短每周工作日，但这种努力由于雇主的反对和同年龄段工友相互掣肘而多半失败。

日本还得益于一支基本上属于同一种族的劳动大军，外来的流动工人和不讲日语的工人不到职工人数的1%。在一个充满爱国精神的国度里，人们的行为准则是“凸出的钉子要锤平”。雇主的有利条件就是有一支基本上很驯服、很守纪律，尤其是很团结的劳动大军。日本比较重视教育，特别强调对工人进行再训练，它的人力资源素质因而不断地得到提高。再加上在工作场所崇尚合作而不崇尚冲突，人们的工作关系就比较和谐。这一切都使日本的公司能够比较容易取得辉煌成就。

大部分日本人生活简朴，使日本社会有财力投入高科技。与美欧相比，日本人存钱多，花钱少，这使日本经济受惠于较高的储蓄率。此外，日本人的价值观念特别强调生产高于消费，这促使它们发展强大的制造业，努力健全生产程序并在考虑进口以前竭力增加出口。日本社会还教诲人们关心集体利益甚于关心个人利益，这使动员人们完成经济、社会和技术任务的工作容易进行。

⑧ 日本面临危机

另外一方面，以1984年《日本职业伦理的裂缝》和1987年《日本令人堪忧的前途》这两篇西方人士的文章为代表，西方媒介偶尔报道日本在变，报道往往突出当代日本发生大量酗酒、自杀和离婚案件以及存在居住条件恶劣、环境质量蜕化等现象；有些报道还反映了美国政府曾经表达过的观点：日本迟早会变得“更像我们”云云。总之危言耸听，预言日本战略正失灵，日本将很快丧失竞争优势。然而，没有太多的迹象表明日本的职业伦理出现深深裂痕，日本社会也没有陷入混乱。在这些文章发表后的几年间，日本却继续取得一些领域的产业优势。

日本国内，倒是有些人对自己的评价很中肯。日本IBM前任副总裁三井信雄致力于培育信息技术领域的风险产业。他认为，日本计算机市场小，无法发展风险产业，要想发展最好到美国。看到美国小企业活跃于世界市场的现实，三井无法掩盖对日本国内企业的失望。他警告说：“在美国拥有崭新观念的人很多。日本信息产业如不转变观念，将难以生存。”三井认为，日本现有的软件公司如果没有走向海外的魄力，绝对难以生存。因为日本同美国相比，市场相差10倍，从商业效率考虑，日本只能从事销售。

在技术研究方面，日本有时也很狂热。80年代日本开始搞第5代计算机，但基础研究力量不强，投了巨资的项目只好不了了之。日本还想搞很多新技术，宣传工作铺天盖地，各种新名词层出不穷。通产省、NTT研究所以及厂家各有各的做法。由于这些项目从一开始就未能针对市场，搞出的东西只好因没有实用性而告终。

日本拥有优秀的技术，但大量的厂家却不完全了解市场。不少例子表明，技术人员在顽强拼搏，最后也只能开发出建立在不通用基础上的东西。如果不以市场为对象，肯定不会成功。当今日本信息产业观念，仍需大转变。

三井指出，日本国内市场潜力固然还有，但是走出国门发展事业的时代正在逼近。汽车产业已经明显暴露出这一问题。主要的厂家可以尝试把开发据点和软件队伍转移到国外，而不是把这些据点看成是出差的地方，或是信息收集地。通产省也应多支持外向型公司的发展。

在这点上印度的做法值得借鉴。印度正在美国不断地开设软件公司，它们以承担委托开发为起点谋求自身软件事业的发展。在个人机硬件方面，日本正受到台湾势力的威胁，国内空洞化趋向已日渐明显，而且在核心技术方面对美国的依赖程度颇高。可以认为从技术角度看，日本的地位在下降。

日本人的头脑四平八稳，认为不循规蹈矩就会发生灾难。但是要技术的划时代突破，就需要有想入非非的人。日本人的过于平稳，使其缺乏冒险精神，这在风险投资中反映明显。美国风险企业成功率不过1‰，在通常情况下，在美国欲得到风险投资的申请只有1%被批准，而从投资者方面看，又只有1/10获得回报，因此成功概率只有1‰。正因为风险很大，日本才没有人会选择此种投资。日本的风险投资者，通常是有安全担保之后才拿出钱来，银行也一样不愿意冒风险。这同美国风险投资有天壤之别。所谓风险，也就是要有点冒险精神，如果没有这种胆识，便难以产生划时代的产品和技术。

日本的半导体技术不错，这只是硬件的优势，而在软件上，日本还相对落后，日本游戏软件卖得动的首推格斗类，其他的则不甚成功。在游戏领域主要供小孩玩，它和成人世界完全无缘。但是现在美国已经出现了许多新的软件公司，他们从事带有趣味性的商用软件的一切。例如，结婚仪式软件便是此类产品。从奏婚礼进行曲开始，直到仪式结束所有事项全作了安排。对请帖文体、结婚仪式费用的计算等，也都可以用对话形式确定。于是使繁琐的事情一下子变得令人趣味盎然。

还有非常重要的一点，那就是在美国，人们就像逛书店一样怀着轻松的心情到软件商店购买廉价软件。在美国，软件售价一般不超过100美元。微软的"办公套装"软件包括了从文字处理到统计报表的全部常用程序，售价才75美元，风靡全球。而日本市场小，软件一般要售5万日元（约相当于500美元）。今后面向广大家庭市场的软件，不便宜恐怕卖不出去。日本软件产业，路还很长。

4. 欧洲的信息产业

在这里之所以把欧洲作为一个整体看，主要是因为欧洲，尤其是西欧几强在技术发展与世界经贸中保持了较高的统一，就像一个国家参与了与美日的竞争。从信息产业实力上看，欧洲次于美日居第三位，但这个第三位，较之前二位却落后得较多。综观美日欧几十年的竞争，欧洲的处境可以这么概括："错失良机，企业不振；投入不少、收效不大；加强创新，渐有起色。"

欧洲的信息产业应该说起步是比较早的，它在计算机领域的研究发展是最早的。1948年，欧洲和美国几乎同时在实验室里制成了第一支晶体管。50年代，欧洲和美国一起建立了半导体工业，并使其广泛应用于各种电子产品。60年代初，美国和欧洲又先后开始生产晶体管计算机，60年代中期，世界上1/4的计算机产于欧洲，同时，消费性电子产品、数控机床、电讯设备等高技术产品在国际市场上颇有几个名牌，甚至曾跻身最前列。从1945年到1978年，欧洲信息技术产品贸易一直是顺差，但从此以后，就开始出现逆差，而且如大堤决口般不可收拾了。1982年的逆差为20亿美元，而1984、1986年就迅速上升至50亿、100亿美元。欧洲的信息产业实力逐渐被日本赶上和超过。更为难堪的是，曾经是西欧信息产业龙头老大的英国国际计算机公司因财尽囊空而迅速被日本富士通公司买走。

①欧洲为什么屈居老三

痛定思痛，欧洲的落后有多方面的原因。

首先，欧洲在20世纪60~70年代忽视了集成电路和微处理器的研究开发。这一时期是半导体的黄金年代，欧洲和美国是这一领域的两大霸主。但不久，善于创新的美国人发现了比半导体更有前途的技术——以集成电路与微处理器为代表的微电子技术。1959年美国德州仪器公司和仙童公司制成了集成电路，1964年IBM公司推出了集成电路计算机，70年代初，英特尔推出了“一个芯片就是一台电脑”的微处理器，这些都大大推进了计算机技术的发展，也渐渐揭开了信息时代的序幕。而此时，欧洲仍不舍得将半导体技术转产——他们没有把信息时代的大赌注下在微电子技术上，十年后赌局开盘，欧洲输了。而同在这场赌局中，精明的日本人却压对了宝。信息时代的竞争是技术的竞争、创新的竞争、速度的竞争，落后一步就可能步步落后，更何况在紧要关头下错了重注！欧洲既然错过了建立“世界级”微电子工业的机会，在接下来的发展中，就难免有点受制于人。欧洲国家面积相对较小，微电子厂家的规模也都不大，相对较高的单位成本，影响了市场竞争力，欧洲市场上的前15位计算机供应商，美日占8家，且第一位的美国IBM一家的销售额就超过了欧洲7家的总和。在美日厂商的排挤下，欧洲在集成电路上的生产量仅及自身消费量的40%，大好市场已被美日“列强”瓜分大半。

第二，欧洲在半导体的深入研究和开发推广上也缺少扎实的工作。美日的迅速发展似乎打乱了欧洲人的阵脚，他们既舍不得已经花了老大力气的半导体工业，又不甘心在日进千里的新兴微电子工业上落后，两头都顾就难免鱼与熊掌不可兼得。尽管荷兰菲利普和德国西门子在半导体研究方面属世界一流，但世界前15位半导体公司中，欧洲的公司也就只有这两个。另一方面，整个欧洲在半导体工业应用方面却始终差强人意，这主要表现在半导体产品集中应用于电子消费品（荷兰菲利普、法国汤姆逊等）和重型电气机械（德国西门子、英国联合电气公司等），而相对忽视了计算机及其相关高科技产品的开发与应用。从半导体晶片的最终使用来看，欧洲用于计算机的半导体晶片消费量仅占总消费量的20%，而美国的这一比率却是56%。现在，现实当然越来越清楚——信息时代的主心骨既不是电子消费品，也不是重型电气机械，而是计算机。

第三，欧洲的步步落后还有更深刻的社会原因——“欧洲硬化症”。这个名词是凯尔世界经济学研究所所长赫伯特教授创造的，它生动地形容了欧洲经济体制的不良态势。“欧洲硬化症”的症状是劳动力市场僵化、国家对产业的官僚干涉、银行家不愿拿出风险资金、企业管理相对落后等等。硬化症表现在信息产业中主要是科研成果不能迅速转化为商品，以及缺乏明星级的企业家。几大计划给欧洲的信息科学注入了大量的研究资金，但欧洲的实验室基本控制在政府手里，管理方式老，运营成本高，很多研究强调“出成果”，而非定位于商业应用，这客观上影响了科技成果从实验室到市场的飞跃。另外，同欧洲丰富的技术与资本相比，欧洲的企业家、有丰富经验的市场开发人员就相对稀缺了，所以欧洲的世界级公司不多。欧共体发明处处长雷蒙德说，“由具有发展思想的人管理的有潜力的欧洲公司数量太少”，而且这些公司在国际竞争中胆子都不如美日企业大。

欧洲的经济发展步子的不尽人意，主客观因素都有，产业结构滞后是根本因素之一。欧洲是老牌资本主义经济中心，也是第三次技术革命的发祥地。第三次技术革命标志电力、化学制品和汽车时代的来临，这三大产业也是传统工业的主心骨，欧洲的经济重心就基本集中于此，其产业结构主体是传统工业，这是历史的规律，于是，欧洲经济结构对于发展电子、信息等“朝阳工业”，天然地不具优势。

要命的是，欧洲连遭两次世界大战，尤其是二战使元气大伤，接下来的“铁幕”、“冷战”等又无端地耗掉了许多精力，使得经济发展受到了不少挫折。世界经济中心由欧洲移到了北美洲，第四次技术革命最初的惠泽，也主要是在北美洲了。

②匆匆忙忙追赶潮流

我们也不能不看到，第四次技术革命仍给欧洲带来了巨大的影响，直接结果之一是促进了传统产业结构的转型，产生了一系列新兴工业群。主要有六大工业群：以计算机为中心的电子工业群、生物工程工业群、宇航工业群、海洋工业群、新能源工业群和新材料工业群。以计算机为中心的电子工业群是信息产业的基础。

在以计算机为中心的电子工业群中，半导体、计算机、激光、光纤通信是支柱。欧洲的半导体工业主要集中于英国、法国、前联邦德国、意大利和荷兰。70年代初，欧洲半导体工业产值不足1亿美元，而1986年该产值已增至30亿美元。欧洲的计算机工业在60年代才开始形成，至70年代初已形成总产值约20亿美元，1985年计算机工业总产值超过100亿美元。欧洲的激光工业和通信工业都比较年轻，分别占世界总销售额的15%和35%。

从欧洲新兴工业群本身来说，其总体规模并没有超过传统工业，但新兴工业却将新技术迅速扩散到所有的工业部门，使工业技术结构发生了深刻的变革。这方面最突出的表现是：所有的工业部门都在大力开发和利用计算机技术。

70年代，集成电路取代了半导体分离式元器件，成为欧洲电子工业的技术基础。

80年代初，欧洲大量采用计算机数控机床，大大提高了精度，更拓宽了数控机床的应用。80年代初，计算机数控机床在意大利和英国的机床总数中占20%，在前联邦德国则高达40%。80年代中期，该技术进一步发展，由计算机的一般控制上升到系统控制，使机床实现多功能化、系列化和自动化。毫无疑问，欧洲现在的机床工业已离不开计算机了。

80年代中期，欧洲的汽车工业开始采用计算机和机器人技术，这就是所谓的“柔性生产线”。德国奔驰公司和意大利菲亚特公司均使用这种生产线。

此外，钢铁、食品、纺织等传统部门也都广泛采用计算机技术，不但用在了生产线上，而且也用于生产管理，提高了效率和产品质量。计算机技术几乎改变了整个传统工业的技术基础。

③欧洲的药方

可以这么讲，欧洲经济停滞的根本原因在于产业结构的不合理，而产业结构的种种弊病又主要源于高技术产业发展的相对滞后。从70年代末期开始，欧洲各国政府逐步认识到这点，于是纷纷着手调整产业发展战略，尤其经历了石油危机以后，调整的决心和实施力度更大了，信息产业发展提到了举足轻重的战略地位，主要的调整内容如下：

(1) 审时度势，出台了一系列中长期战略规划

英国制定了《高级信息技术发展方案》，从1984年4月正式实施，首期到位资金即有3.5亿英镑。此外，英国迅速在尖端技术领域追加投资，大约2/3的资金用于实施政府的《微电子工业

支持计划》，同时鼓励相关工业部门和服务行业采用先进设备。前联邦德国于1983年通过《生产技术计划》，在接下来的三年里，斥资5.3亿马克用于高技术发展，其中3.5亿用于发展计算机和工业机器人，占66%。法国于80年代初正式确立了以信息与电子工业为核心的五个尖端产业为“战略产业”。

欧洲各国政府不但加紧各自的高科技与信息产业发展，同时携手合作，开展了大量的研究开发，合作范围基本分为三个层次：公司间、政府间和欧洲共同体一级的合作。各国公司的合作，有英国国际计算机公司、法国布尔机器公司和德国西门子公司建立联合机构，斥资1.05亿美元，共同研制新一代的计算机。这三巨头还于1984年成立了欧洲计算机工业研究中心，力图指导欧洲公司，朝着协调技术标准的方向发展。政府间的大型合作，从1984年3月英、法、德、意和比利时签署了合作建造快中子增殖反应堆的协议后，各种合作持续不断。但这三个层次的合作中，规模最大、领域最广、影响最深的还是欧共体一级的合作，这首先包括三个最重要的新技术开发和研制计划。第一个是“欧洲信息技术研究和开发战略计划”，从1984年至1994年，主攻方向是微电子技术和数据处理，其余研究重点还有软件技术、办公室电脑系统和柔性生产系统等，立项有近200项，参加该计划的企业、大学和研究机构等近300家。第二个是“欧洲先进通信技术研究和开发计划”，其目标是在90年代末建立一个完全统一的可输送大量信息的宽频带欧洲通信网络。第三个是“尤里卡计划”，由法国总统密特朗提出，并于1985年7月正式被欧洲17国通过，该计划要求在光电科学、新材料、大型电子计算机、高能激光与粒子束、生物工程、人工智能等3大高技术领域，进行联合研究。除了这3大计划外，欧共体还在其他尖端技术领域有具体深入的合作。

在开发应用加强的同时，为了使新技术的发展不乏后劲，欧共体也颇注意相关的基础研究。早在1985年3月，就制定了《欧洲工业技术基础研究规划》，在较短的时间内，斥资1.25亿欧洲货币单位，资助了近百项基础研究，其主要目标是在传统工业部门中导入新技术。

（2）注重实施，普遍增加科研开发经费

对于科技发展来说，缺少资金投入是不行的，尤其对于信息产业等尖端科技产业，尤其需要大笔的经费支持。

英国从70年代中后期，就注重科研经费的增长，1975年还只有23亿英镑，占国民生产总值的0.65%，而到1983年就增至68亿英镑，占国民生产总值的1.68%。法国1982年6月即由全民投票通过了新科技政策，其中重要的一条是逐年增加科技经费，递增率要达到20%，至1985年，法国科研经费就达国民生产总值的2.27%，前联邦德国的同期该比率达2.6%。对于欧共体来说，以往的预算支出有一半以上是用在农业补贴上的，科技经费委实不足，但科技政策调整后，高新技术方面的投入增大了不少，对于"欧洲信息技术研究和开发战略计划"的投入是80亿欧洲货币单位，对"尤里卡计划"的投入是40亿欧洲货币单位。

欧洲科技经费中，用于信息产业特别是电力与电子工业的发展费用所占比率最高，英国占1/3，法国和德国占1/4，而同期美国只有近1/5，这说明欧洲在主攻电子产业。

但另一方面，我们也注意到，欧洲在科研中，投资较分散，且存在重复和浪费，比如欧洲为研制某数字自动电话台，一次就投资了70亿美元，是美国同类开支的2倍，是日本的4倍。这就使得欧洲科研经费总数可观，效率却不是世界第一。

（3）以一带百，信息产业牵动传统产业的改造

要提高生产的质量和竞争力，必须依靠技术改造。欧洲主要是从两方面做技术改造工作的，一是用最新技术来改造生产工艺

和设备，二是加强新兴技术在传统工业部门的应用研究。

纺织、汽车和钢铁工业是欧洲技术改造的重点部门，改造的中心任务是引入计算机控制的自动化生产系统，改进对生产过程和质量的控制；更新设备，提高产品得率；改进管理和监控系统，提高整体生产效率。在纺织部门，欧洲各国普遍装上了自动化机床和专用小型计算机，实现了自动化的生产和连续操作，并通过计算机控制织、印、染等工序，既提高了质量又节约了原料；此外，还采用了计算机辅助设计，使产品花样更多更精细，提高了在国际市场上的竞争力。在汽车部门，技改的中心是全面采用电子技术和机器人技术，实现汽车设计、制造、装配、测试全过程的生产自动化。目前，德国大众汽车公司的生产线上已有60%的机械性工作由机器人承担，意大利菲亚特公司的生产线已采用了柔性生产系统，使同一生产线能同时生产不同规格和型号的汽车，机器人或机器手在计算机的帮助下，识别不同型号的部件，自动改变加工位置，涂漆时自动变换颜色。

(4) 集约发展，效仿硅谷模式

在微电子行业中，集约生产所产生的效益很明显，美国硅谷的成功也使得硅谷模式被其他国家竞相仿效。英国、德国、法国也都初步形成了微电子工业技术开发和产品生产的“硅谷”。

英国的“苏格兰硅谷”呈三角形，东起爱丁堡、西至格拉斯哥、北至丹迪，这里集中了1000余家电子公司，生产全国80%的集成电路和50%的计算机及其附属产品，每年的新增投资都超过了1亿英镑。法国的“格勒诺布尔硅谷”地处法国东南部罗纳河支流的格勒诺布尔，是80年代发展起来的法国研制计算机的基地，有“智力之都”的美誉，在这里集中了几千家高科技企业。德国的“硅谷”在慕尼黑，是德国电子工业技术力量的核心。

这些“硅谷”的建立与发展大大促进了欧洲电子工业的赶

超。80年代初，欧洲的集成电路产量只占世界产量的6%，至80年代中期就迅速增至12%，电子产品的结构有了很大的改善，微电子技术产品和高技术产品的比重明显上升。在这一影响下，欧洲的电子工业成为发展最快赚钱最多的行业。80年代以来，欧洲经济形势有些吃紧，尤其是英国，工业经济几乎一直处于衰退中，但电子工业却基本顶住了经济衰退的冲击，居然保持了约4%的年产量递增，几家经营有方的大公司还令人吃惊地实现了15~20%的利润增长率，当然，这可观的利润也大大得益于政府的慷慨补贴。不幸的是，在竞争激烈的信息产业潮流中，政府对企业的补贴与保护实际证明是件危险的事情，很多情况下是补贴弱者和保护落后，使这些企业的市场生命力越来越弱。

欧洲信息技术开发与产业发展虽然奋力追赶，但近些年来，它与美国的技术差距是缩短了还是扩大了，没有绝对权威的结论。两强之间就此问题舌战不断，煞是热闹。

美国人说“西欧目前处境危难”。1997年3月，美国《幸福》杂志发表了一篇不长的专题报道，开宗明义地点出西欧目前不仅在技术开发上，而且在产品应用上都大大落后于美国。有数据为证：在美国，54%的成年人会用电脑，而在法国，该比率是33%。世界软件行业“大哥大”——微软公司的调查表明，90%以上的美国白领使用电脑，但在西欧只有50%；此外，在雇员数超过1000人的大中企业中，已采用了内部计算机网络的美国企业比西欧企业多75%。还有一个铁的数字：美国个人计算机市场虽然已是“高度发育”，具有天文数字的销售量，但1996年居然仍比上年又增长了15%，产业繁荣可想而知，而西欧在这方面的同期市场增长只有7%。英特尔公司的掌门人葛鲁夫一针见血地指出：“今日的欧洲，在信息产业上有巨大的‘技术赤字’。”

那么，美国人是如何分析欧洲落后的呢？《幸福》杂志的报道中指出，欧洲的文化传统似乎含有抑制现代信息技术的成分，他们认为个人电脑和国际互联网络等等都是很“美国化”的东西，于是多多少少产生点抵触情绪。在美国公司是从老板到普通职员都用电脑，而在许多欧洲公司，电脑操作被看成是“体力活”。有人讽刺是：“欧洲人向往高的工作职位，而电脑恰是身份的象征。”

尽管不少的美国产业界人士对欧洲信息产业极尽讽刺，有理有据，但欧洲人却不怎么服气。在1997年9月北京计算机世界大展上，德国西门子公司中国区的负责人就此问题，专门发表了意见。此君认为《幸福》杂志的专论是以偏概全，它只看到了个人电脑的发展，而忽略了信息技术的全面应用。信息产业门类很多，在数字式移动电话和电子智能卡等方面，西欧的技术水平已超过了美国。（《幸福》的专论亦老老实实承认了这一点。）从信息技术应用水平来看，北欧小国诸如瑞典、芬兰等，绝不比美国逊色。德国西门子负责人认为，欧洲信息产品的质量与美国无甚差别，但美国国内市场更大，所以产量也高。欧美之间只有生产规模上的差别，而根本不存在什么“技术赤字”。美国人因为率先控制了个人电脑的生产标准，为今日雄风奠定了最重要的基础，而欧洲人在通信技术方面（如ISDN通信）率先控制了生产标准，所以目前有明显产业优势。

在文化冲突方面。西门子负责人认为美国人喜欢赶时髦，不管有用没有，都拥有一台电脑，而欧洲人更重视实效，在不必要的环节就不用电脑，所以电脑数量虽不及美国，但公司运作的效率却毫不逊色。

不管怎么样，公婆各有理，而且谁强谁弱不是舌战斗出来的，而是在市场上你死我活拼出来的。对于信息产业这样每天都有新兴奋点的产业，明天的事情真的很难说。

5. 东亚的信息产业

在一般人看来，信息产业这种高新技术的发展主要集中在美、日、欧洲等发达国家里。其实东亚，特别是东南亚不少国家和地区对世界信息产业的发展同样作出了巨大的贡献。

高新技术产业，特别是信息产业的发展有一条公认的规律，那就是“高风险、高投入，高产出”。而韩国、新加坡和我国台湾等在相对不发达的情况下，特别是在技术、资金缺乏，甚至包括经济机制（如风险投资机制、版权保护机制等）不完善时，却顺利起飞了高技术产业，它们的历程值得深思。

①后发效应

我国台湾的信息产业目前保持着多项世界第一：显示器生产规模世界第一；键盘生产规模世界第一；鼠标生产规模世界第一；微机主板生产规模世界第一等。而韩国在80年代末、90年代初异军突起，厚积薄发，超越日本一举成为动态存储芯片（DRAM）的最大生产地。据称韩国还独立攻克了微处理器设计与制造技术，并已制造出独立版权的与主流处理器兼容的微处理器芯片。我国台湾和韩国的奇迹充分体现了经济上的“后发效应”，即后发展的国家和地区，能避开不必要的发展弯路，同时直接采用先进的生产设备和技术，当然经济效率更高，能迅速赶超先发展的国家。另外马来西亚的硬盘制造、新加坡的微电子设计与通信设备制造以及中国大陆的主机板、显示器等都体现出类似的发展趋势。特别是在目前东南亚经济形势普遍看好的大环境下，其信息产业发展得到了全世界的关注。

②看看台湾地区的机遇

台湾地区的信息产业得到这么显著的发展，主要得益于下面三个因素：高技术人才的回归；80年代中后期有利的国际形势；

地方当局的大力推动。

20世纪70年代中期到80年代中后期，一大批在美国受到高等教育的台湾年轻人纷纷返回台湾。这些人一般在美国的名牌理工大学，如加州理工学院、麻省理工学院、斯坦福大学等接收高层次教育，尔后又在许多美国的大公司中工作多年。这些人一方面有深厚的学问功底，另一方面又有丰富的实际经验，特别是许多人是既懂技术，又擅长经营管理的全才。这么一大批人回到台湾，马上带动了整个台湾信息产业的发展。直到现在，这些创业者仍然是台湾信息产业发展的中坚力量。

20世纪80年代中后期，美国信息产业竞争日益激烈，许多大公司都将降低产品成本作为生死存亡的关键。降低产品成本的一个重要途径是将劳动力相对密集、技术含量相对较低的产品移出劳动力昂贵的美国本土。这时，台湾地区因其高素质的劳动力和低廉的劳动成本吸引了许多美国大厂商。于是很多大宗订单雪片式地飞到了台湾，这极大地促进了台湾信息产业的发展。另外更有益的是这些大公司为了保证异地采购的质量，纷纷帮助其合作伙伴进行企业管理、生产的现代化改造，这从客观上提高了许多台湾企业的管理营运水平，提高了台湾企业在国际市场的竞争力。以致后来许多欧洲、日本厂商都来台湾采购零部件，形成了台湾信息产业今日的规模。这样的国际合作带来了两方面的好处：一方面美国企业降低了生产成本，提高了利润；另一方面台湾企业获得了技术和资金，为将来向高技术含量目标的冲击打下了牢固的基础。

台湾地方当局一直很明确地扶植信息产业发展。80年代初，台湾成立了以高层官员、大学教授和研究所专家以及大型龙头企业三结合的产业局，共同为台湾的信息产业制订发展策略和扶持重点。台湾著名的新竹高科技园就是在多方面的支持下发展起来的。

六

我国的信息产业

1. 中国计算机工业发展回顾

中国计算机工业经历了 40 年风风雨雨，大体可分为三个阶段：萌芽阶段（1956～1973 年），工业形成阶段（1973～1983），发展阶段（1984～）。

①萌芽阶段

1955 年，周恩来总理主持制定《十二年科学技术发展规划》，电子计算机被列为六大重点项目之一。我国第一台计算机 1957 年根据前苏联有关技术资料开始研制，定名为 103 计算机。1958 年 6 月，研制任务由科学院和北京有线电厂的技术人员共同完成。103 机共生产 36 台。1958 年 5 月开始研制 104 机，1959 年夏完成试制，向建国十周年献礼，从而宣告了我国第一台大型通用电子计算机的诞生，该型机先后共生产了 7 台。随后，工业部门和科学院系统陆续研制成功各类型计算机，为核工程、石油、地质地震勘探、气象预报等提供了关键装备。

但从 1956 年到 1973 年，我国基本上是研制大型机的时期，又由于受到“大跃进”和“文化大革命”的破坏，虽然研制出众多型号，但通用化水平不高，不能批量投产。世界 60 年代已开始出现系列机，技术主流开始向通用化发展，而我国仍然处于较混乱的状态，低水平重复，作了很多无用功。

②工业形成阶段

1973～1983年，是我国计算机工业形成阶段。1973年电子部恢复工作，科技局披阅了世界计算机发展资料和市场情况后，痛定思痛，认为必须跟上国际主流技术。1973年1月召开了“首届计算机专业会议”，会议决定放弃单纯追求提高运算速度的技术政策，确立了发展系列机的方针：面向用户、面向生产，科研与生产相结合。

会议之后，四机部立即着手组织有关设计研制工作。1973年5月，四机部在清华大学召开方案论证会，决定走与国际小型系列机兼容的道路。这是一个正确而及时的战略决策，我国软件技术从此很快得到发展与提高。1974年系列化计算机产品研制取得成功，标志着中国计算机工业走上系列化批量生产的道路。

1974年8月四机部召开了计算机工作会议（简称748会议）。748会议提出了“关于研制汉字信息处理系统工程”的建议，并和机械部（原一机部）、中国科学院、新华社和新闻出版署（原国家出版事业管理局）联合向国家提出关于“748工程”的报告，经国家计委批准，列入1975年国家科学技术发展规划，并成立了748工程领导小组。748工程启动了中国印刷技术的第二次革命，加速了汉字数字化、信息化、智能化的进程，为汉字进入现代信息社会作出了不可磨灭的贡献。

1979年3月21日，国务院批复决定成立国家电子计算机工业总局。这是我国计算机工业成长与发展的重要标志。

1974年四机部决定由清华大学、四机部6所、安庆无线电厂开始联合研制我国第一台微型计算机，1977年研制成功，并于当年4月23日通过鉴定。四机部与科学院于1977年4月在合肥召开全国微型机专业会议，提出以微小型机为主的方针。1977年9月，电子部计算机工业管理局召开了第一次微型计算机专业会议，确立了加速我国微机工业发展的思路。

③**工业发展阶段**

1984年至今，为我国计算机工业的发展阶段。全国第一次计算机工业计划座谈会明确提出："按现代化分工看，计算机工业制造、推广应用和技术服务早已融为一体。"还明确提出："我们必须把推广应用和技术服务看作计算机工业的重要组成部分。"

1986年9月7日，电子工业部提出建立以第四代机为基础的计算机产业，以微型机、软件、小型及外部设备为重点，明确以"两微一小"建立核心产业，同时发展软件和外部设备，重点搞好微小型机产业。微型机的发展，使我国建成能够批量生产的计算机工业，逐步发展配套设备，如监视器、键盘、机箱、软盘等，并使专业化的板卡生产和应用软件产业兴起。可以说，没有微型机的开发，中国难以建立自己的计算机工业。

在90年代，我国的各种计算机及配套产品开始进入国际市场，而且进一步发展，在1994年以后成为出口导向型产业。1995年我国个人计算机及配件出口额达49.5亿美元，与西方产业列强形成"你中有我，我中有你"市场格局。1996年计算机及配件出口逼近60亿美元。

这一成就一方面靠全行业努力，另一方面也取决于国家政策的支持和改革开放的大好环境。国家对计算机工业发展一直给予特殊支持，实行四项优惠政策，电子工业专项生产发展基金，计算机推广应用贴息贷款，国家计委、国家经贸委、财政部、国家科委、国防科工委在科研攻关、军用计算机预研和型号研制、基本建设、技术改造、重点实验建设、中试线建设等多方面，都给予了巨大的支持。

在发展信息产业方面，各国都需要政府积极参与，从政策到资金支持，没有哪个国家是因为政府放任不管才使信息产业发展取得成功的。因为高技术产业风险太大，一旦决策失误，就会遇到严重的挫折，如美国集成电路工业的一度衰落，后经政策大力调整扶助，产业才获重振。

2. 几个正确的战略

我国计算机工业 40 年的发展，有成绩有曲折，回顾起来，可以发现有几个战略尤其明智。

第一，是坚持“以用立业”，“抓应用、促发展”的计算机工业发展总方针。

第二，1973 年我国正式提出发展系列机，走与国际主流机型兼容的道路。这与日后的国际潮流恰恰合拍。

第三，选择中文信息处理技术为突破口，发展有中国特色的软硬件产品。

中文信息处理技术的成功是我国文化事业的一件大事，也是计算机软件中国化和普及计算机的大事。中文信息处理技术、中西文兼容技术、汉字输入输出设备的研制生产是我国的优势，亦是推广应用的关键。为此组织全国力量实施“748”工程，努力使计算机技术中国化。国际标准局批准由我国主导研制提出的汉字大字符集 ISO10646 为国际标准，标志着我国汉字信息处理技术已经走向世界，为汉字文化圈的各国作出了重大贡献。在开发中文编辑处理软件的基础上研制出计算机自动编辑和激光照排系统，经过十几年的发展，形成了一批有中国特色的汉字处理系统。北大方正的兴起就得益于此。

第四，脚踏实地地发展第四代计算机技术和产业。

80 年代中期国际上已普遍采用第四代计算机技术，当时，美国、日本等先进国家已着手进行高级智能化的第五代计算机研制工作。我们怎么办？1986 年石岛会议上明确提出“八五”计划的目标是“建立以第四代机为基础的计算机产业”，并认为掌握第四代计算机技术是我国计算机产业生存和发展的关键。实践证明，这一认识是正确的，第四代计算机的有关技术看来在今后10年内还有很大的发展余地。搞技术与产业，最倡脚踏实地，切忌好高骛远。

第五，积极发展软件与信息服务业。

计算机软件和信息服务业是现代计算机产业的重要组成部分。十多年来全国已成长起了大批软件公司和系统工程公司，其中国有的、集体的、中外合资的、个体的多种所有制并存。1995年全国已有1000多家软件企业、1.3万家服务企业，软件产值达68亿元，信息服务业产值达77亿元。在推进计算机技术的中国化方面，这些软件企业立了大功。

3. 中国的“硅谷”——北京中关村

我国的计算机科学很早就起步了，主要是考虑国防、核试验、卫星发射等需要，但对老百姓来说，计算机还是个陌生名词，更不用说“信息产业”了。我们现在来回顾历史时，就会深深感到没有改革开放就没有信息产业。在计划经济体制下，研究是研究，生产是生产，两者归口不同的部门管理，一切都是国家指令；同时，科学家是科学家，生产者是生产者，科学家是万万不能有半点商品意识的，而生产者也无需关心研究与开发的事情。整个国家的信息一直到80年代之前，也都是与外部世界半隔绝的。在这种情形之下，不可能实行计算机科学的产业化。

①学者发起的体制突破

1978年十一届三中全会后，中国拉开改革开放的序幕，中国的计算机产业开始萌芽，并迅速发展，没过几年，中国许多老百姓都知道北京有个中关村“电子一条街”，计算机民营企业办得很火！

中关村的发展是改革开放的结果，它的发展序幕，却是中国科学院物理所研究员陈春先拉开的。

1980年前后，陈春先几次访美，惊叹于美国的高科技企业发展。我们忠实地记录了1980年10月23日陈春先在新成立的北京等离子体学会常务理事会上的发言：

“这次到美国看了几乎所有重要的核聚变实验室，跑了十几个城市，比1978年那次要深入得多。这次是民间学术交流，没有上次官方代表团那么些约束和应酬，谈得比较深入。我尤其想了解为什么美国核聚变实验效率那样高、工程‘实验’与理论计算结合得那么密切，整修过程周期那么短。看来直接的原因当然是实验技术先进，制造设备和仪器的工厂水平高，实验室工程技术人员和研究生实验技术好。但是，如果多问一个‘为什么’，真正的关键还在于充满活力的工厂、学校、研究所密切联系的体制。美国朋友向我介绍了所谓的‘技术扩散区’的概念。

“波士顿周围的128号公路，大体相当于北京的三环路，但要大些。128号公路两侧有几百家高技术小工厂，被认为是技术扩散区的典型，我们参观了其中的一家专做超导磁体的小工厂，这是很有启发性和激动人心的参观。工厂的负责人原来是波士顿大学的教师（荷兰移民）。他介绍说，我们有技术，有想法，另外一些人有钱，二者结合起来，就可以创造先进的产品，现在我们的超导磁体已为世界上多家高能物理和核物理实验室所接受。合同多时我们就多一些工人和工程师，合同少时就只保持20人左右基本骨干队伍，原材料、粗制工艺、化工处理许多过程都是协作完成的。同行的超导工程专家严陆光说：国内搞一项超导材料和工艺的工程都上千人，产品还不如这里。我听到华裔科学家谈到许多动人的高技术创业史，包括就住在波士顿的王安先生。他是一个公认的很成功的企业家。

“回程途经旧金山时，又参观了硅谷两个小厂。硅谷原来是太平洋和旧金山湾之间的一片柑橘园地带，在旧金山南边约 60 公里。现在已是世界上最大的微电子工业中心，第一台微计算机就是在这里的一个青年人的汽车库里搞出来的，现在已经是数千万美元年销售额的苹果公司了。硅谷是最大、最典型的技术扩散区。斯坦福典型的老校长特曼教授是有远见的科学家，他决定把校园的一些土地租给学校教授专家办高技术的工厂。现在世界著名的惠普公司就是 30 年代斯坦福大学电机系两个教授开办的，第一个产品是高频振荡器，在自己家车库里搞的样机。

“总之，我看到美国尖端科技发展快，人造卫星和托卡马克(一种核聚变装置)，都是苏联先取得突破，美国则利用实验技术和设备上的优势很快赶在前边。美国高速度的原因在于技术转化为产品特别快，科学家工程师有一种强烈的创业精神，总是急于把自己的发明、专有技术、知识变成产品，自己去借钱，合股开工厂，当然这里资本家赚钱的动机是不能忽视的，但据一些当事人（科学家）谈，创业的自我满足超过了营利动机。我感兴趣的是这里已经形成了几百亿元产值的新兴工业，得益的显然是社会、国家、地区。相比之下，我们在中关村工作了 20 多年，这里的人才密度绝不比旧金山和波士顿地区低，素质也并不差，我总觉得有很大的潜力没有挖出来。的确，我们社会主义的经济条件是根本不同的，我们的科技人员也不是想赚钱，而是想多作实际贡献，不满足于发表文章，开成果展览会。我们北京等离子体学会有搞核聚变的，也有搞低温等离子体应用的。搞核聚变过程发展了很多新技术，可以用来为工厂和其他的科研单位服务，至少可以小批量生产，免得重复进口。我过去搞激光，开始差距不大，后来越来越大。现在我们自己需要的激光器，还得用外汇去进口，实在觉得不是滋味。至于低温等离子体，就更应该结合工业应用发展，首先应该成为一种有用的工业技术。

“上周我在科协向田夫同志汇报了这些想法，他很希望我们这个新成立的学会能带个头，组织科技人员为四化多作贡献。外国好的经验可作参考。科协的态度是，凡有利于四化的，我们都大力支持，没有经验可以在实践中摸索。因此我们提出也成立‘先进技术发展服务部’的设想，而且我们看到在外地已经有了类似的组织。”

陈春先研究员高瞻远瞩，敢说敢干。1980年10月，创办了“北京等离子学会先进技术发展服务部”，其目标是把有关的科技成果直接转化成现实生产力，这可以说是中国高技术企业的雏形。

另一方面虽然1982年10月，党中央和国务院正式提出“经济建设要依靠科学技术，科学技术工作必须面向经济建设”的基本方针，但对于陈春先的创业行为，社会仍议论纷纷，他本人也受到中科院物理所某些领导的不公正对待。对其他科技人员办企业，有人嫉妒“发横财”，有人诬告“投机倒把”。

1983年1月，中央有关领导同志就中关村的争议作了批示，肯定了中关村科技人员对这一新生事物的积极探索。我们不妨对批示作些摘录：

方毅同志1月7日批示：“陈春先同志的做法是完全对头的，应予鼓励。”

胡启立同志1月8日批示：“陈春先同志带头开创新局面。可能走出了一条新路子，一方面较快地把科研成果转化为直接生产力，另一方面多了一条渠道，使科技人员为‘四化’作贡献，一些确有贡献的科技人员可以先富起来，打破铁饭碗、大锅饭。当然还要研究必要的管理办法及制定政策，此事可委托科协大力支持。如何定，请耀邦酌示。”

胡耀邦同志1月8日批示：“可请科技领导小组研究出方针政策来。”

科技领导小组很快拿出了大力支持陈春先等一批开拓者创业

的政策，并对他们的勇气和先进事迹加大了宣传力度。

②民营企业的生命力

伴随着我国改革开放的坎坷历程，中关村的民营高技术企业从无到有，以其特有的生命力，开始了艰辛的创业历程。

1983年4月，“先进技术服务部”发展成为一个民营高技术企业——华夏新技术开发研究所。

1983年5月，由中科院与海淀区联合创办、由陈庆振等人领办的第一家高技术企业——科海新技术开发公司宣告成立。

1983年7月，王洪德等联合创立了北京京海计算机机房技术开发公司。

值得一提的是，当时的“京海”公司艰苦创业发展很快，却有人绘声绘色地把长篇诬告信一直捅到了中央。1983年12月，中央派7个检查组25人进驻“京海”，全面核查财务与公司管理。“京海”坦然接受，身正不怕影歪，真金耐得火炼。1984年4月，中央检查组公布结果：“京海公司方向是对的，分配是合理的，不存在任何违法行为。”“京海”终于得到了公正待遇，中央也借此深入了解了民营企业，决定大力支持像“京海”这样的企业！中央检查组进驻“京海”这4个月，是中关村气氛最紧张的一段时间，而检查组的意见一公布，中关村一片欢欣雀跃。此后，中关村新开办的企业数猛增。

1984年5月，由中科院计算中心工程师万润南等7人与四季青乡联合创办了“四通”公司。

1984年10月，由彭伟民、王小兰等人创办的“北京时代新技术公司”成立。

1984年11月，中科院计算所柳传志领头创办了所办公司，这是“联想”的前身。

1986年8月，楼滨龙等人领头办的“北京大学新技术公司”成立，这是“方正”的前身。

到1986年底，中关村各类开发性公司已近100家，逐步形成了闻名中外的中关村电子一条街。1986年12月，《人民日报》以“北京中关村一场悄悄变革，中国硅谷正在这里孕育”为题，向社会各界宣传报道了“中关村电子一条街”的成长与发展情况。

1986年3月，在4位著名的老科学家王大珩、王淦昌、陈芳允、杨嘉樨的积极倡议下，我国制定了《高技术研究发展计划纲要》，简称“863”计划。这个计划的指导思想是：为缩短我国在高技术领域同世界先进水平的差距，首先在一些重要领域对世界先进水平进行跟踪，力争有所突破。这里的重要领域就是指以信息技术为核心的生物、航天、激光、自动化、新能源、新材料这七大技术。继“863”计划之后，1988年我国又制定了一个发展技术产业的“火炬计划”。这个计划的主要宗旨是：使高技术成果商品化，高技术商品产业化，高技术产业国际化。

1987年至1988年，随着国务院发布进一步推进科技体制改革的决定，提出进一步搞活科研机构，进一步改革科技人员管理，放宽科技人员的“双放”政策，同时由于国家科委、北京市政府、中国科学院和海淀区政府正确的领导和大力支持，中关村电子一条街的发展出现了勃勃生机。在这两年中，中关村的高技术企业发展到了400多家，并在实践中走向成熟，逐步形成了有特色的技工贸一体化发展模式。

1988年初，中央办公厅组织联合调查组，根据十三大提出的生产力标准，对电子一条街进行了全面的调查与总结，肯定了中关村高技术企业的方向，并提出了兴办中关村新技术开发试验区的建议。同年5月，国务院正式批准发布《北京市新技术开发试验区暂行条例》，决定在中关村地区正式建立北京市新技术产业开发试验区。这是我国第一个国家级高技术产业开发区，它标志着中关村高技术企业从此进入了不仅合理而且合法的正常发展阶段。

1989年至1991年，尽管全国范围内存在经济调整与市场疲软等因素，中关村的高技术企业仍持续发展。1992年初邓小平南巡讲话和1992年党的十四大提出了建立社会主义市场经济体制的目标，为中关村地区的兴盛注入了新的活力，高技术企业的发展更为活跃。到1994年，中关村地区有高技术企业4229家，取得了技工贸总收入142亿元、工业销售产值60亿元的骄人成绩。联想、四通、方正、京海等16家公司产值已超亿元。成为技术含量高、产业规模大、具有较强的研究开发和市场开拓能力的大型高技术企业。联想微机、方正的电子排版系统、蓝通的大屏幕、时代的逆变焊机达到了国外同类产品水平，并逐步打入国际市场。

③中关村的启示

回顾这段简短的历史，可以看出两点：第一，在高技术企业兴起发展的背后，是改革开放政策或政治意志的驱动起了重大作用。因此，如果说市场经济条件下的企业有着自身发展的规律和轨迹，那么首先将其推进这一轨道的，则是政治的第一驱动。第二，不论是从本质还是从现象看，中关村企业的创业实际上实现了两个方面的突破：一个方面是企业组织上的突破。中关村企业在中国首次实现了无行政干预的完全自主经营、自负盈亏的企业组织，即民营。这种企业组织是真正市场经济意义下的行为主体；另一方面是科技体制上的突破。这些企业组织把学府大院里的科学技术活动及成果，在中国首次自主拿到市场上来谋求商业盈利。因此，中关村的创业实际上是实现了社会运作机制的创新。

4. 民族信息产业的振兴

①雄关漫道

我们的民族信息产业走过了风风雨雨40年，“四十而不惑”，我们今天是否清醒地看到了民族信息产业的处境呢？先看一些国家电子部信息中心发布的我国电子行业数据：

年份	1991	1993	1995	年平均递增率
工业总产值(亿元)	886.27	1395.61	2470.95	29.2%
国有企业占的比重	63.4%	48.6%	40.1%	15.3%
三资企业占的比重	12.8%	21.7%	37.5%	69%
实现利税(亿元)	48.5	83.4	155.8	33.9
国有企业占的比重	60.2%	38.1%	23.3%	5.6%
三资企业占的比重	17.9%	27.6%	53.9%	76.2%

上表显示非常清楚，国有企业连续滑坡，三资企业升势旺健。还是据电子部统计，我国通信市场被国外公司占有的比率是80%，计算机市场的该比率为75～80%，网络市场接近100%。而这些市场，恰恰又是信息产业中增长最快的市场，年平均增长都在四成以上。事实很明白，外国企业在中国市场上滚雪球一般，获得了大量经济利益。举个更清楚些的例子，松下公司在中国的合资企业已经有30多家了，产品几乎覆盖了所有的家用电器。

我们过去常说“以市场换技术”，结果快十年后终于明白，市场不一定换来真正的核心技术。我们走过的路，实际是“以市场换资金，以资源换技术”。程控交换机是国家信息化建设的基础硬件，我们在十年前就与德国西门子携手在上海投建程控交换机生产厂，十年来一直同西门子保持了比较好的关系，我们花了不少钱，陆陆续续买西门子交换机的核心软件，到最近总算快买全了；自己边琢磨边跟着人家有一招没一招地也学了十年，现在总算基本掌握了程控交换机的技术，但还不具备自行生产的能力。这就是信息技术落后的代价，但这在“以市场换技术”的诸多项目中，已经算是比较好的了。在国际技术流动中，有这样的规律：通用型或是快过时的技术，发达国家一般采用技术转让的方式，即卖技术；若是专有型或新技术，他们往往采用投资合作的形式，只在发展中国家装配或生产外围设备、核心部分仍在本国生产，严格控制技术转移。

所以，核心技术和最新技术，只能靠自己搞出来，买是买不来的。“落后就要挨打”，这是世界几千年来都没变过的法则。民族国有信息产业发展固然有许多历史遗留的不利条件，但政策环境的失当和企业本身的惰性始终是被动局面的主导因素。

②技工贸一体化

这是中国高技术民营企业在经营机制上的“发明”，也可以讲，是一种无可奈何有中国特色的“发明”。

“技”指技术开发，“工”指产品生产，“贸”指代理销售国外产品，兼做点“倒买倒卖”。国外较大的高技术企业，对于这三个经营领域是区分得比较清楚的，总是选一两个重点，很少全面出击。比如 IBM 主要是从事“技”和“工”，英特尔也是如此，另外有的公司就专门开发某些技术，而委托别人生产。但在中国，企业成长的环境不同。技术开发要有雄厚的技术积累，这里的“技术”，可不是鉴定会上“国内首创，世界一流”的评语所说的技术，而是适应产业潮流又在市场实战中锤炼出的技术。我们国家的“首创”与“一流”多如牛毛，但经得起市场考验的技术却凤毛麟角。于是，技术的积累既要冒市场风险，又要有研究资金保障，现阶段中国企业在这方面捉襟见肘。而这些民营企业，一开始就不要国家一分钱，“自筹资金、自负盈亏”，在市场中成长很不容易，更别说日后要形成规模化的产品生产能力了。

但“技”与“工”又是这些民营企业高技术企业家魂萦梦绕的事，于是，只好利用中国市场大的特点，以“贸”迅速积累企业实力。从某种角度讲，这是企业发展上的委曲求全。想想，有些国营高技术企业拿了国家那么多钱，居然无所事事，而这些独立自主的民营企业却艰难起步，在市场中打出了实力。

当然，许多民营企业在尝了“贸”的甜头后，反而更不注意技术开发了，往日雄心被眼前实惠所消磨，心安理得地做起了外国人的“买办”，而还有一些民营企业却没有忘记自己的责任与使命，加大开发研究力度，积极走产业化道路，终于打出了属于中国人自己的品牌，不但在本国市场上与外国货一比高低，而且现在还敢于去国际市场上拼一拼。

“技工贸一体化”是有中国特色的民营高技术企业成长方式，这种现象至今仍是主流。它背后所反映的东西，不能不让每一个关心民族产业发展、关心中国前途命运的人深思。

③“二次创业”的涵义

这里的“二次创业”不是指创业两次，而是有它固定的涵义，是指我们的民族企业为适应改革开放的深入，适应企业规模扩大、适应国际竞争压力而自己提出的号召，希望拿出当年创业的勇气和魄力来，正视企业内外部环境的变化，励精图治，再上新台阶。

这个号召是四通集团总裁段永基几年前针对高技术企业发展提出来的，马上在中关村引起强烈反响。随后，其他行业的民营企业也纷纷响应，最后“二次创业”上了《人民日报》，成了许多场合热烈讨论的话题。要理解“二次创业”，我们不妨把目光聚在中国信息产业的主要中心地中关村，看看如何从“一次创业”走到“二次创业”。

从陈春先“下海”到段总此番号召，都属“一次创业”时期。这个时期，实际上是个壮着胆子下海闯、半识水性猛扑腾的时期。下表，应该会给我们一些简明的印象。

	"一次创业"	"二次创业"
企业立足点	企业的创立与生存	企业的深度发展
宏观大背景	改革开放的起步	十四大以后
市场总特征	内部竞争为主	内部竞争、国际竞争
发展的方向	积累实力为主	参与国际竞争
根本性策略	("四自") 自愿组合 自筹资金 自主经营 自负盈亏	("六化") 资本股份化 技术创新化 管理科学化 产业规模化 融资多元化 经济国际化

我国的高技术企业靠"四自"原则起家，在艰苦的"一次创业"中，创造了"技工贸一体化"的企业经营模式，以市场为导向，以技术为依托，自我约束、自主发展，走出的高技术发展道路，既符合市场经济规律，又适应我国体制转型时期的特殊国情。然而，在"一次创业"中成长壮大的高技术企业，在新的历史阶段遇到了难以回避的新矛盾。主要表现在：

(1) 企业产权制度的改革滞后，造成了创新活力衰退、企业内部动力不足；

(2) 原有的企业管理规范难以与现代市场经济接轨；

(3) 资金短缺突出，金融市场中缺乏风险资金；

(4) 企业缺乏国际市场竞争意识等等。

为此，北京市科委、试验区负责部门组织有关专家学者、产业界人士，探讨"怎么办"。方方面面的意见，经过提炼，便成了“六化”的发展策略。

“资本股份化”被认为是二次创业的体制基础。高技术是风险技术，所以初创的高技术企业，常常以独资、普通合伙、有限合伙等风险企业的形式出现。这时，创业者核心团体承担着无限责任或主要责任，这还不是现代公司制的企业。按高技术企业成长的规律，它至少有两个重要的转变，第一次是当风险企业初具规模时，改造成有限公司，将创业者的部分人力资本转变为货币资本；第二次是具备一定实力时，完成从封闭公司向开放公司的转变，即通过公开招股形式，将全部人力资本转化为货币资本，于是，形成有效的法人治理结构，这也是在国际市场上融资、产权交易的必要条件。

“技术创新化”被认为是二次创业的动力源泉。技术含金量是进入国际市场的筹码，我们的信息产业要想成为出口导向的产业，非得实现持续的技术创新不可。

“管理科学化”被认为是二次创业的组织保障。一次创业的“自愿组合”使得企业的管理方式是以亲情为基础，是“人合”，这保障了创业的成功，但这毕竟是一种原始的管理方式。现代企业终将由“人合”走向“资合”。我们不是讲搞公司就不要亲情，而是实践证明，靠亲情管理不了一个大公司。有意思的是，我们完全可以在制度化规范化的现代管理下，建立亲情的企业文化。

“产业规模化”被认为是二次创业的发展方向。规模化生产可以使成本降低，这是竞争中很重要的一点。

“融资多元化”被认为是二次创业的现实选择。现在，国家的金融机构已经转轨，融资渠道变多。多元化并不简单地意味着可以多借来钱。真正的经营者，会利用金融手段，分析找到企业的最佳资本结构。这样，一方面企业的经营更安全了。另一方面，企业可以吸引来更多的投资者，使企业的市场价值提高，即股价上涨。

“经济国际化”被认为是二次创业的必然趋势。我们要主动而不是被动地面对国际市场。经济国际化也不仅仅是指把东西拿出去卖了，其实，国际市场上有信息、有价格更低廉的资源，都要为我们所用。首都钢铁集团在美国买了别人的亏损企业，我们却经营好了，又买了南美国家智利的铁矿山。这就是主动的经济国际化，这是竞争力的体现。

高技术企业对走出国门如何看，我们不妨引用复旦大学世界经济研究所在 1993 年一次问卷调查的结果，对象是北京、上海、福建等地 22 家跨国经营企业。

问　项	认为此点“重要”的企业数	认为此点“不重要”的企业数	认为“重要”的企业数占总数比重
为企业其他经济活动创造条件	22	0	100%
取得国外最新生产和市场信息	21	1	95%
开拓国外新市场	19	3	86%
带动企业产品出口	16	6	73%
取得当地生产资源和政府优惠	15	7	68%
绕过贸易壁垒,维持企业出口	13	9	59%
获取较高利润	13	9	59%
到国外去发挥自己的优势	11	11	50%

可以看出，我们的企业对“到国外去发挥自己的优势”信心不足，但是国际化的要求又是迫切的，希望获得最新的信息，希望创造条件开拓市场。从一些大的信息产业企业来看，也确实是如此。

④政府如何推动产业发展

对于产业发展来说，政府的作用从来都是不容忽视的，只不过由于社会背景与运作机制的不同，实际效果会差别很大。比如日本的产业奇迹相当程度上得益于政府的产业引导与推动，真正实现了“力争上游、多快好省”，而欧洲在信息产业发展中，政府投了巨资却收获寥寥。可见，尽管所有的政府都想达到一个激动人心的产业目标，但并非所有的规划都能如愿以偿，有的甚至起了负面作用。

欧洲在信息产业上的节节败退，使西欧信息首脑们在比利时首都布鲁塞尔的一次国际研讨中，就十几年来信息产业政府的有效性进行了一场大辩论。“开明派”认为欧洲各国政府和欧共体对信息产业的政策援助是没什么用的，而“统治主义者”却认为财政资助有利于西欧信息产业的生存。这场辩论输赢未定，其结果倒是使公众和政治家们开始关注花费在“尤里卡计划”、“欧洲信息技术研究和开发战略计划”、“欧洲亚微米硅联合项目”等研究开发上的数百亿美元。批评者声称，“欧洲神经网络系统”等新项目无非是对纳税人的又一榨取手段而已，他们怀疑某些计划对信息技术革新的实质性作用。批评者还认为几大计划也未使欧洲形成与日本抗衡的产业能力，相反，在计划的供养下，某些地位巩固的厂商过着舒适而不积极进取的日子。比如法国的布尔公司从 1983 年起陆续得到政府的直接援助达 13 亿美元，但到 1990 年，它却宣布年亏损达 12 亿美元；英国菲利普公司有过之而无不及，1990 年亏损达创记录的 25 亿美元，并由此而不得不停止了自己的半导体业务。

国际学术界越来越关心政府对技术创新环境的培育能力，并认为这种能力才真正有助于形成某区域或国家的竞争优势，这种观点反对政府对高技术企业一味地扶助和盲目干涉，这是很有道理的，也是政策思想的一个解放。

日本政府在产业发展上尤其有一点值得我们学习——不一味地求强求大，而是抓住高技术本质，制定以鼓励技术创新为核心的政策。这样，日本出现了很好的技术创新氛围，也有了很多有活力的中小企业，它们在这样或那样的很专门的技术领域里做到了世界一流。于是，日本既将高技术的风险分散化，又在整体上始终保持国家的技术优势。可见，日本鼓励创新的政策比欧洲的直接投资金的政策要好，后者只是“输血”，而前者却培养了“造血”机制。

5. 中国的“信息国道”一瞥

信息化社会里，信息基础设施的建设是命脉。

在美国政府的“信息高速公路”计划提出来后，中国的有关部门和人士就中国的信息产业的未来发展议论纷纷。一种观点是中国也应开始建设自己的信息高速公路；另一种观点则认为目前国力有限，跑汽车的高速公路尚不多，上马“信息高速公路”是打肿脸充胖子。两种观点在各种场合都展开了争论，各有其理。这些争论产生了一个意外的重要作用，那就是在政府部门和高层人士中普及了信息时代的概念，昭示了信息时代的挑战和机遇。

很快，由国务院、国家计委、国家科委等单位牵头组织了专题研究，并基本达成共识：目前我国建设信息高速公路的条件还不具备，但“信息国道”的建设却已经到了刻不容缓的地步！于是，1993 年在电子工业部的倡议下，作为中国信息基础设施建设的三大重要方案被制订出来，即致力于海关信息的“金关”工程、致力于全国企业信息并互的“金桥”工程，以及致力于全国银行金融电子化（主要是推广和促进信用卡的使用）的“金卡”工程。这就是有名的“三金”工程。

“三金”工程的计划一经宣布，马上引起了各界关注：对于中国信息产业界来说，他们看到了政府大规模开拓信息产业，加速信息化步骤的决心，这是中国信息产业的新前景；对于国外厂商来讲，这样大的举措无疑意味着巨大的商业机会，特别是在当时，中国的高技术企业在技术、经验上与外商还不能直接抗衡；对于其他部委来讲，“三金”工程的实施也给他们带来了一个极好的样板，即怎样结合自身实际来面对信息产业的挑战，后来不断出现的“金卫”、“金农”等一系列小金字号工程都可以说是在最初的“三金”工程的带动下应运而生的。

从目前各项工程的进展来看，取得的效果都大大地超过了原来的预料。直接的收益是信息化程度、办事效率的提高，间接的收益还包括给民族信息业一次极好的发展机会以及锻炼了大批的队伍，将信息社会的概念广延到社会的各个阶层。下面是金字系列工程实施以来以及各部委信息化建设进程的粗略统计。

①“金关”工程——海关信息化建设

在过去的七年中，中国海关信息基础设施建设的投入以每年30%的速度增长，累计投入近6亿元，而且估计在未来的几年中投资力度将进一步加强。目前海关装备有小型机100余套，微机近5000台，终端近8000台，普及率达到了每3个人就有1台终端或微机的水平。并且还自主开发成功了自动报关系统和电子数据交换系统（EDI）。目前该系统的通关用户达350家，日处理关文5600多份，占目前海关工作量的15%。海关总署和40个直属海关的通信通过租借的卫星信道以及自建的卫星地面站，构成了一个初具规模的海关通信专用网络。

最近，海关还成立了海关信息化工作领导小组，负责领导、协调未来5~10年的中长期海关信息建设规划，又称“H2000”工程。届时，海关的信息化程度将迈上一个崭新的台阶。

②“金税”工程：税务系统信息化建设

税收是国家的经济命脉，税务系统信息化是经济发展的必然要求。特别是我国实现新税制后，国家迫切要求税务系统提高信息化程度，提高工作质量和效率，堵住偷税漏税的漏洞。税收系统的信息化进程较之银行等行业来讲起步比较晚，可以说是“七五规划，八五起步，九五铺开”。截止1995年底，全国实现税收征管计算机化的单位已经有6903个，1995年用计算机处理的税收业务已经接近2000亿元。“九五”期间我国税收信息化工程的建设目标是到20世纪末，全国要建成完善的四级税务计算机管理网络，使税收工作在技术手段、信息处理能力和管理方面适应新时期的要求。具体而言，就是要建立全国性的税务计算机网络和以300个城市税务计算机网络为主体的税务信息系统，并在全国国税系统，超过40%的地税系统实现税收征管的计算机化。预计全部投资将超过50亿元。目前正在建设的重点是增值税计算机稽核系统与防伪税控系统的推行、进口退税计算机管理工程的建设、个人所得税计算机管理工程建设、预计税务系统办公自动化网络的建设。毫无疑问，税务系统将成为继银行之后又一大的信息产品市场。

③中国银行的信息化建设

在过去的5年中，中国银行用于计算机以及配套设施建设的费用共达40亿元人民币。在这样的大的投资力度下，中国银行建立了覆盖全国的计算机网络，使全行业的90%以上的机构网点实现了电脑网络应用，分理处的对公业务实现了100%电脑化，一、二级分行的业务实现了100%电脑化。

“九五”期间，中国银行的工作重点在建设有中国银行特色的“信息高速公路”。硬件上包括以总行为中心，联接海内外分行机构和国内外金融商业网络的中国银行环球计算机通信网，软件方面则要求在统一的数据基础上完成以会计核算系统、收付清算系统、国际结算信用卡系统、办公自动化系统、全球信息管理系统为代表的开发，全面支持中国银行的各项业务。这些系统建设的完成，将使中国银行与发达国家商业银行处于同一技术起点上，使其更好地投身于国际金融市场中。

④国有资产管理信息系统

经过3年多的建设，中国国有资产管理信息系统，已于1997年开始平稳运行。

该系统由国家国有资产管理局组建，拥有10多个大型数据库和网络系统，是在国有资产管理专业数据库和国家、省和市三级计算机网络系统的基础上开发而成的。包括国有资产管理办公网、资产评估信息网和产权转让信息网三个分系统。目前，全国各省级、部分地级国有资产管理部门、资产评估机构和产权交易中心已与这个系统联网，省市内二、三级网络系统建设也开始启动。

据了解，国有资产管理办公网主要实现中央与地方之间的信息传递，其中大型数据库主要有全国行政事业单位财产清查数据库、全国企业清产核资数据库，可提供全国107万个行政事业单位和30万个公共企业的级别数据，并可按地区、部门和行业进行检查和统计分析。

⑤ “金交”工程：交通信息化建设

“八五”期间，交通信息化工作是以管理信息系统建设为主，“九五”期间的重点则放在了交通运输的信息化建设上。目前，我国高速公路的建设投资约为6000~7000亿元，这笔投资中的10%将用于配套设施的建设，重点就是交通信息化和通信系统的建设。目前，我国的交通运输事业开始进入了发展综合运输体系的阶段，公路、水运、铁路和航空的比例趋于合理。这些都驱使着交通运输信息化工程的全面铺开。交通部在“九五”期间拟投资一个亿用于部委和下属机关的信息建设，一个工作重点是建立省内联网的养路费征管系统，预计仅此项目就能堵住每年数百亿的漏交少交金额。采用先进的磁卡、IC卡或光卡的高速公路收费系统已经成为多个商家关注的焦点。另外地理信息系统（GIS)、全球定位系统（GPS)、智能运输系统（ITS）等也得到了不同程度的关注。

⑥ **“国土档案”：土地信息系统的建设**

为了给我国的第一块土地建立好档案，管好、用好国家的土地，1996年国家土地管理局特地成立了信息工作领导小组办公室，旨在通过行政管理手段，来监督全国土地信息系统建设的顺利执行和实施。其实，从1984年起，国家土地管理局就开始了这方面的开拓性工作，最富有成效的是花了10年时间，耗资13亿元，对我国的土地现状作了一个全面的调查统计，并建立了我国土地利用现状的数据库。1995年5月出台的“国家土地信息系统总体方案”要求各地以总体方案为原则，结合地方实际逐步发展完善各土地信息系统的建设。“九五”期间的大动作包括把全国2800个县中的500个建立起地籍系统，平均每20平方公里形成一个信息网络，并建起数据库。预计该项投资将接近3亿元。

⑦ **风云预测：气象事业的信息化建设**

我国是一个自然灾害频繁的国家，气象系统担负着为国家防灾减灾决策提供重要依据的任务，是国家的要害部门之一。据统计，在气象事业上每投入一元钱，就能避免40元的经济损失，因此气象事业的信息化建设自然开展得有声有色。“八五”期间，国家对中国气象局共拨款16.8亿元，其中仅在计算机设备上的投资就高达1200万美元。“八五”期间，全国范围共建立了2000多个气象观测站，初步建立了国家气象中心、区域中心、省级站和县级站的四级气象监测体制。其中国家气象中心是该监测网络中枢，不但负责对全国的天气进行分析和预报，还担负着世界气象组织亚洲区域的通信枢纽的角色。目前，国家气象中心装备了著名的国产巨型机银河—Ⅱ计算机以及多台国外高速计算机，负责中期数值天气预报分析，为减灾防灾工作作出了杰出的贡献。

到1998年，我国要完成气象VSAT信息网的全面建设。另外

"九五"期间的两个重大举措是建立遍布2000个观测台的大气探测自动化系统，以及建立国家气象中心的短期气候预报系统，实现从15天到半年的气象预报。这三项工程的总投资将突破20亿元。

⑧　**专利信息化建设**

有人讲专利制度是为天才之火浇上利益之油，这是一个形象的比喻。中国专利局主要负责全国专利申请案的审查、授权、保护以及专利信息的传播。据统计，1996年我国专利申请案超过10万件，审核一份申请所需的业务周期已不能满足新的工作要求。

专利局的信息化建设自1985年开始，在德国政府提供的技术援助的基础上，专利局自主开发了中国专利管理系统和世界专利检索系统，实现了审批流程的初步计算机化。1997年，德国政府再次向中国专利局提供贷款2800万德国马克，由德国西门子公司负责中国专利局的信息化建设。这是中国专利局信息化进程中一个全新的飞跃，预计全部建成后可以实现审批过程的全部无纸化，从而将审批周期缩短为1~2天，达到发达国家的水平。下一步的工作就是将全部的2600万篇专利文献电子化，提供远程网络查询，该工作目前正在酝酿中。

⑨　**"金航"工程：航空工业信息化建设**

"金航"工程是中国航空工业总公司面向全行业的自动化建设项目，由三个部分组成：一个是基于网络环境的计算机辅助设计、制造系统；二是航空工业信息管理系统；三是航空工业综合信息网。这项工程涉及总公司内遍布全国的22个单位，第一期的投入就高达4亿多元。总投资金额将超过10亿元，预计在2000年初步完成。对于"金航"工程，航空工业总公司的领导极其重视，由主管副部长亲自挂帅成立了"金航"信息工程指挥中心，负责项目的总体设计、规划、协调和管理。

目前“金航”工程正有条不紊地进行。届时，航空工业的异地联合制造、无纸设计和制造以及内部指挥信息、调度信息的有序流动将成为现实，将为我国的航空工业发展注入强劲的动力。

⑩ **钢铁工业信息化建设**

1996年，我国的原钢产量超过了一亿吨，位居世界第一。但我国目前还只是钢铁大国，而不是钢铁强国，在质量、品种。规格和单位消耗上与发达国家的差距还很大。目前，冶金工业部信息建设的目标就是让信息技术为一亿吨钢增值。

“九五”期间，钢铁工业的信息化建设要上一个新台阶，具体而言包含三个部分：首先是生产过程的控制系统，将自控技术和计算机技术应用到生产过程的每一个环节；其次是企业管理的信息化，加快企业的节能降耗步伐；第三就是开展钢铁工业的计算机辅助设计系统，提高钢铁产品的规格、质量和品质。这是一个投资力度在10亿元左右的计划，投资的主体是企业自己，直接的受益方也是企业本身。

七

信息产业发展与国家竞争

1. 微电子工业：美日对抗的主战场

信息时代是我们这个时代关键的战略技术，信息产业的实力事关整个国家的竞争力和国际地位。每个意识到这一点的国家无不厉兵秣马，在全球范围内铺开了信息技术攻坚和信息产业发展的较量。

美国是信息产业的头号强国，但后起的日本采用了各种各样的策略，在这个关键产业中，一个部门一个部门有条不紊地向曾经称雄一时的美国发起凌厉的挑战。

90 年代初，有资料显示，世界上十大微型芯片公司中，六家是日本公司；十大电子公司中，五家是日本公司；三家发展最快的计算机公司全是日本公司。“日本制造”开始涌入美国市场，还有彩色电视机、微波炉、光导纤维、游戏机、工业机器人等一系列 20 世纪的新产品，都是美国的发明专利，而却是日本的最佳产品。

在产业的每个部门，日本人都采用多种途径，包括合法的和非法的，引进吸附技术并加以改良；在受保护的国内市场上发展生产能力，获得生产经验。在国内市场上，消费者支付高昂的价格，外国公司一般被排除在这个市场之外；对国外市场，特别是对美国市场，他们发动协调性的进攻，即宁愿忍受损失实行大杀价以“赚取”市场份额，直至把外国竞争者挤出市场。最后，当日本公司不顾一切地取得市场份额后，就在它们已经独占的关键产品的市场上抬高价格，以便获取超额利润。它们还提高产品等级，生产更能获利的尖端产品。所获利润一般用于再投资，而不分给股东，以便在它们已经独占的产品市场上，维持它们的统治地位。

如果美国和欧洲继续走目前的道路，基本上执行常规政策的话，那么，信息产业的很大一部分将不可避免地让日本人占了先机。

①存储器市场战

第一批相当数量的日本芯片运抵美国，是在1978年。美国芯片公司之所以不能满足国内的需求，是因为在1974年至1975年发生了市场萧条，因而减少了投资。他们猝不及防，措手不及，到1979年底，日本人已经大摇大摆地进来，令人吃惊的是抢走了16K动态随机存取存储器的市场的42%。这是一种最新一代的存储芯片。

接着，另一件令人震惊的事情发生了。惠普公司的总经理查德·安德森于1980年3月在华盛顿举行的一次会议上，发表了一份关于美国芯片和日本芯片在质量上的比较报告。这家公司在1979年从3家美国公司和3家日本公司购买了16K动态随机存取存储器。这家公司发现，最好的美国产品的失败率，比最差的日本产品的失败率大5倍。这使半导体产业的观察者大为惊愕。虽然安德森在两年后的一份报告中指出美日芯片的质量差距已经戏剧性地缩小，但是他开始时的那份报告对硅谷产生了震击波，美国的芯片生产者们猛然觉悟，他们要进行一场战争。

硅谷的确对日本人的突然进攻感到大吃一惊。英特尔公司在1970年生产了第一批1K动态随机存取存储器。在整个70年代，英特尔公司、莫斯德克公司、得克萨斯仪器公司、摩托罗拉等美国公司通过生产1K、4K、16K这三代动态随机存取存储器，在存储器件的生产方面，一直占据着世界领先地位。但是，当它们正在努力完成新的复杂设计，把64K的存储元件安装进小小的芯片中去的时候，日本人却选择了一种比较简单而保守的方法，这种方法基本上是16K动态随机存取存储器的较大的改编体。它的简单性意味着问题较少，生产成本较低，可靠性较大。这样，日本人一下子就“像跳蛙那样”超过了美国产业。日本人为了抢占市场份额，采取迅速削价政策（64K动态随机存取存储器的价格，在一年中从28美元降至6美元）。这使日本人能够很快占领了这个关键性的市场的很大一部分。

1984年，美国公司开始反攻。例如使用芯片的大公司佩里公司宣称，只有英特尔公司、国家半导体公司和摩托罗拉公司这3家公司达到了芯片供应者“100百万分率俱乐部”的等级，即他们生产的每100万芯片中，次品率少于100个。在世界存储芯片的市场上，美国的份额在1984年实际上升到约35%～40%。在芯片市场日益复杂化，顾客更多要求的是特殊品种的存储芯片而不仅仅是要求更多的芯片的情况下，有人认为，美国的公司在地理和语言上同芯片的大顾客都比较接近，因而将得到好处。这将使他们能够在市场上取得有利可图的“安居之地”。此外，日本人虽然在存储芯片方面处于强有力的地位，但仍未打进更有利可图的微处理机的市场。

华盛顿和东京之间的摩擦不断增长，1986年3月，美日政府官员之间的谈判终于破裂。日本人那时控制了存储芯片市场的90%，美国商业部于1986年4月裁定日本人非法倾销存储芯片，宣称要加课进口税。在不断增加的压力下，日本政府最后在1986年7月签署了美日“芯片协议”。在协议中，日本人同意提高在日本生产的芯片的价格，以便减少日本对美国的出口，日本人还同意允许美国的公司在日本市场上获得较大的份额。

但是，只过了几个月，美国便有人担心，芯片协议无法取得预期效果。

第一，存储芯片的价格迅速上涨，事实上，它们的价格增加了一倍，日本公司发了横财。根据一位产业分析家的调查，日本的动态随机存取存储器的生产公司在芯片协议签订后的两年中，从美国计算机产业中赚取了50亿美元以上的超额利润。据说日本在此前的几年中由于“购买”美国的动态随机存取存储器的市场而损失了40亿美元。50亿美元与40亿美元相抵，绰绰有余。

第二，有证据表明，芯片协议要求日本政府通产省限制日本的芯片生产，但实际上却有利于日本存储芯片生产公司形成一个价格卡特尔。

第三，美国公司重振存储芯片经营雄风并没有达到预期的效果。

第四，日本芯片市场上的美国份额滞留在9%～10%，并没有达到芯片协议中所预期的20%。

最后，似乎是雪上加霜，美国的计算机公司的经理人员飞往日本，尴尬地要求日本公司增加对美国的至关重要的存储芯片的供应。动态随机存取存储器协议对美国成了一场灾难。

②美国人：手忙脚乱，内部失和

当1987年初消息传出，日本人在1986年的世界半导体市场上首次获得了最大份额时（日本占38%，美国占36%），硅谷出现了一场大混乱。美国半导体产业协会匆匆忙忙地宣布，由美国14家大芯片公司组成一个联合企业塞玛特克公司，总部设在得克萨斯州的奥斯汀。但高级经理鲍勃·诺伊斯的任命却是在18个月以后。在美国芯片产业、美国政府和美国公众的压力下，舒仑堡格被迫放弃把仙童公司卖给日本富士通公司的计划，这是因为人们担心美国的国家安全（仙童公司是美国军方的第二大芯片供应者)。同时，国家安全委员会和国防科学委员会都对军方依靠日本芯片的可怕后果，提出了报告。虽然有些人认为，国家安全并不会因标准芯片的外国来源而受到损害，但还有人认为，“国家安全”被用来当作了保护主义的保护伞。

1988年初，当1987年世界半导体市场各国所占份额情况公布时，产生了更大的震动。日本人占领了48%的份额，而美国人只占39%。世界十大芯片公司中，日本占了5家，它们是：日立制作所、日本电气公司、富士通公司、东芝公司和松下公司。1989年初公布的1988年的数字表明，日本再次增加了它在世界半导体市场上的份额，达到整整的50%，而美国却再次下滑至37%，欧洲跟在后面，只占10%。当美国塞玛特克公司正在挣扎前进的时候，美国国会中批判之声又起，他们认为这是企图用纳税人的钱来保释患病的美国芯片产业。虽然总会计办公室的一份主要研究报告得出的结论是：塞玛特克公司的钱并没有乱花。为了要使美国重新恢复存储芯片的竞争力，又成立了一家联合企业——美国存储公司。

1990年1月，美国存储公司由于缺乏支持而垮台了。同时，日本人在1989年的世界半导体市场上却再次扩大了他们的份额至51%，而美国下降至35%。欧洲维持了10%的市场份额，而韩国靠自己的力量占领了4%的市场份额，台湾也获得了约1%的份额。世界四大半导体公司现在依次排列是：日本电气公司、日立制作所、摩托罗拉公司、富士通公司。美国的得克萨斯仪器公司已下降到第六。令人吃惊的是，当签订已5年的美日芯片协议于1991年6月续签的时候，对于美国公司是否会被允许在日本获得相当的市场份额，人们普遍持怀疑态度。因为日本国内芯片市场上的外国份额1990年只有12.3%，1991年也只有14.3%，这是规定目标为20%的第一个美日芯片协议签订5年之后的情况。

③日本人：加快开发，频频收购

在美国和全世界领先的芯片公司珀金—埃尔默公司突然垮台的“帮助”下，日本人在芯片制造设备方面也巩固了自己的地位。日本索尼公司已买下了美国颇有前途的芯片制造设备生产者——材料研究公司，而日本电装公司购买了它的主要美国竞争对手半气系统公司，这是一家非常成功的生产制造半导体器件所必需的气体的企业。美国电话电报公司也被迫同日本的好雅公司建立了一个联合企业。当日本的芯片制造设备的供应者占据了支配地位时，硅谷的公司经理们已经在抱怨日本人在最新设备方面留了一手，以便使日本芯片生产者在时间上占先一步。这一点在总会计办公室1991年的一份研究报告中得到了证实，日本人不但俘获了产业的“大米”市场，而且现在还在进一步控制生产产业的新的主食的工具。

在50年代里，日本电子产业主要生产以镓为基础的半导体，用于消费品的生产。它在以硅为基础的集成电路方面比较落后。日本政府通产省惊讶地获悉，得克萨斯仪器公司等美国公司在集成电路技术方面大大领先，特别是在平面晶体管建设方面。集成电路被认为是未来的微电子学的中心，而微电子学则被认为是未来计算技术的关键。虽然日本政府通产省于1957年已经在电子产业促进法中，开始瞄准了电子学，但在1964年，通产省又特别瞄准了微电子学，建立了促进机构、数据中心和研究院所。对已经批准的项目给予直接资助和协助，以便使它们可以集中资源，进行“追赶”美国的斗争。

在整个60年代晚期和70年代早期，日本政府通产省作出了更多的鼓励性计划、促进性法规、研究创新和资助规划。但是，意义要重大得多的事件，是1975年日本超大规模集成电路计划的实施。超大规模集成电路计划把日本五大计算机公司：富士通公司、日立制作所、三菱公司、日本电气公司和东芝公司带到了一起。使超大规模集成电路的6个大研究实验室建成开张，那时公司花钱如流水。通产省用无息贷款帮助那些合作投资项目并保证日本电话电报公司等主要芯片购买者优先照顾日本芯片。在尔后三年内，结果已经显示出来了，一些专利证颁发了，一些报告发表了，最重要的是日本公司在世界市场上所占的份额迅速上升了。

日本超大规模集成电路计划的成功，使美国和欧洲的公司大吃一惊。他们犯了一个大错误，即低估了日本在家用电器方面已经拥有的力量，以及它在半导体方面必胜的决心。他们犯的另一个错误，是坚持笨重的沟道金属氧化物半导体技术，而没有像日本人那样，转向更致密的互补金属氧化物半导体技术。互补金属氧化物半导体芯片只需使用沟道金属氧化物半导体芯片所使用电力的10%，可用小电池来开动，而产生的热量也较少，它们还能较好地适应恶劣的环境，易于搬动和携带等。当日本人将使用低电耗的互补金属氧化物半导体芯片、用电池驱动的数字显示钟表、计算器等消费产品潮水般推向市场时，他们很快就显示出互补金属氧化物半导体技术的优越性。

日本在半导体方面获得成功的主要原因，与企业结构也有关。日本的大公司属于“系列”（集团），或公司的大家庭，它们的财政金融联系在一起，并互相供应产品。这些长期的、互相支持的措施，并同易于获得长期资金结合起来，意味着日本公司在等待从它们超大规模集成电路技术巨大投资收取回报的时候，它们是处于“长时间地维持他们的呼吸”的理想地位。日本芯片业获得成功的其他“秘密”是：稳定而单一的劳动力；小组工作的经验；保持整洁和对小事的细致关心；为取得产品的最佳质量和可靠性而进行自动生产方面的卓越才能；研究成果的分享；在国内和海外市场上为对抗外国敌手而进行的战略协调。

当日本公司通过市场的“正常”运作而不能取胜时，他们便采用直接把外国敌手弄到手的方法。虽然美国下令于 1987 年制止了日本富士通公司购买硅谷的带传奇色彩的仙童公司，但是此后无人制止约 30 家美国与半导体有关的公司出卖给日本人，从而使日本人获利。美国 1991 年进行的一项调查发现，每三家美国半导体公司中，就有两家将于 1995 年出卖，而其中一半的购买者将是日本人。

当日本公司认为晚期购买公司没有必要或不可能时，便向他们的竞争对手提出结成合营公司的合伙人或战略同盟者。这种建议对美国公司往往是有吸引力的，因为他们觉得筹集资金建立新的芯片生产线并非易事。例如，得克萨斯仪器公司和日本人的日立制作所于 1989 年商议达成了建立合营公司的安排，英特尔公司于 1990 年宣布同日本的 MMB 半导体公司建立了一家合营企业。合营的通常模式是：美国公司以他们的设计和软件技能同日本公司的制造技能或生产技术进行交易。到 90 年代初期，这种战略同盟网随处可见。美国经理人员认为他们别无选择。但是，过去的技术转让，使技术横越太平洋到日本安家的经验，提醒人们：日本人将再次成为胜利者。

今天，日本半导体产业的绝大部分位于日本的南部岛屿九州。根据立野的材料，这个拥有 1300 万居民的地区近年来已经吸引了超过 190 家电子公司，获得了“硅岛”的称号。据说，那些公司是被那里的清洁的空气和水、较便宜的土地价格、工业园区、飞机场和美丽的风景吸引去的。90 年代中期，九州有 70 家以上的芯片制造工厂，生产日本半导体总产量的 40%，或世界总产量的 10%。不同于硅谷的是：硅岛基本上是一个生产基地，而大部分半导体的研究和开发，是在日本的其他地方进行的。但是，这种情况随着交通的日益改善，也在发生变化。越来越多的高技术公司迁出日本的大城市，这是日本政府的“技术城邦计划”的一部分。

2. 美国的对策

①企业匆忙联合

美国对日本芯片产业兴起的一个反应，是美国芯片供应者和使用者之间越来越多的联系、合并和同盟。这种趋向“垂直的”或“向后的”结合的趋势，实际上几年前在舒仑堡格买下了仙童公司（普遍认为这是一个灾难），施乐公司买下了SDS公司，以及联合技术公司吸收莫斯德克公司时就开始了。古尔德公司也购买了美国微系统公司，英特尔公司同先进微型器件公司签订了合作协议。

80年代，当美国公司匆匆忙忙结成合伙者，并扩大它们的产品品种时，这种趋势便变成了一场争夺战。这样，国际商业机器公司购买了英特尔公司的20%的股票和罗尔姆公司的全部股票。英特尔公司是一家生产芯片的大公司（虽然有点使人失望），罗尔姆公司是生产电信设备的。王氏公司合并入超大规模集成电路技术公司，国民收款机公司被兹特尔公司所购买，斯帕里公司被购入特里洛奇公司，磁性边缘公司被购入中心电子公司，控制数据公司被购入资源电子计算公司，西方联合公司被购入维塔林克公司，而美国电话电报公司在海外购买了意大利办公设备生产者奥利维蒂公司25%的股票。美国无线电公司同日本东芝公司合伙，它们在1985年世界芯片销售额中位居第11。在同年后期，东芝公司又与德国的西门子公司达成了广泛的协议，在半导体方面进行合作。

随着技术的迅速发展，产品的生命周期也就缩短，开发新产品的费用增长，甚至像国际商业机器公司那样的大公司，也不能开发和生产整套的产品。因此，国际商业机器公司和英特尔公司于1986年签订了一项技术分享5年协议，协议中有一款规定国际商业机器公司授权英特尔公司可以为其他公司按规格改制国际商业机器公司为自己使用而开发的15000种芯片中的一些芯片品种。1987年，日本富士通公司原想购买美国仙童公司由于美国国家安全原因告吹后，美国的国际半导体公司从命运欠佳的舒仑堡格手中买下了仙童公司。事实上，当高技术股票价格下跌和更多的公司成为有吸引力的目标时，出钱收买和并吞竞争对手的浪潮，席卷了1988年。

关于国家安全方面的考虑，无论如何不足以阻止美国大芯片生产公司得克萨斯仪器公司于1989年宣布同它的头号日本竞争对手日立制作所合作，设计和生产下一代的超级芯片，如高性能的微处理机和16兆位的动态随机存取存储器等。接着就有更多的美国公司同外国公司建立联系，如惠普公司同日本的日立制作所和韩国的三星公司签订了技术和市场进入协议，美国的太阳公司同富士通公司和菲利浦公司签订了技术分享协议，并同大同公司、松下公司、国际计算机有限公司、东芝公司签订了市场进入的协议，MIPS公司也同西门子公司、日本国家电气公司、索尼公司和住友公司签订了协议。1990年，英特尔公司同日本的NMB半导体公司合伙，联合生产动态随机存取存储器。美国电话电报公司同奥林公司签订了技术分享协议，国际商业机器公司和德国的西门子公司建立了一家合营企业，以便于1995年开发出商用64兆位芯片。1992年，国际商业机器公司同东芝公司合伙，开发“闪光”存储芯片。

电子学、计算技术和电信的结合，意味着半导体、计算机主机、软件或电信器材的生产，都是信息技术产业的一部分。它们将提供一整套信息技术设备。这就是大家知道的“采购一次完成”。它们如果合伙搞，就能做到这一点。这样，伯勒斯公司在1986年与斯帕里公司合并以前，就能供应小型计算机、中型计算机、软件、电信设备和其他有关产品，所有这些产品都是其他公司生产的。这种日甚一日的合作，反映了它们对国际商业机器公司进入市场的担忧，特别反映了它们对竞争对手日本的更大的恐惧。随着芯片产业牢牢地融入大得多的信息技术产业，分析家们预言：我们最终可能只剩下不多几个像国际商业机器公司和富士通公司那样巨人般庞大的垂直地结合起来的产品供应者。

②政府能否帮上忙

美国对日本的进步的第二个重大反应，是一家联合机构的形成。从微电子公司和计算机技术公司开始，得克萨斯奥斯汀的19家美国计算机公司于1983年建立了一个团体。接着，塞玛特克公司和短命的美国存储公司也分别于1987年和1990年成立了联合机构。计算机技术公司的成绩有点令人失望，而塞玛特克公司要在主要的芯片生产者中获得承认，还面临着艰巨的斗争。英特尔公司的第一任高级经理罗伯特·诺伊斯发现，要说服硅谷的个人主义的企业家把竞争放在一边，先行合作，是很困难的。他在说服布什政府的主要成员支持带点“产业政策”味儿的任何事情，而不是放任一切事情根据“自由市场”去运作时，也遇到了很大的困难。诺伊斯于1990年末死于非命，因而没有能给塞玛特克公司帮上忙。

由于缺乏美国芯片公司的支持，美国存储公司于1990年1月悲惨地倒闭，这在华盛顿引起了关于制订高技术“产业政策”是否有利的激烈争论。整个1990年，硅谷的经理人员发出了一致的呼声，要求为对付日本的威胁制定一个新的日程表。这个日程表包括：建立长期资本的企业基金；放松反托拉斯条款；给予更多的研究与开发的税收优惠；对关键性的技术给予全联邦的帮助；强力执行现有的反倾销法。塞玛特克公司的罗伯特·诺伊斯和产业分析家查尔斯·弗格森以毫不含糊的词句发出警告：除非立刻采取行动，否则美国的半导体产业将遭灭顶之灾。特别是硅谷必须放弃它对企业家主义的迷恋，以及华盛顿必须废除对市场的盲目信任，而代之以对政府和产业之间的关系的更复杂的战略性考虑，像日本所做的那样。

但是，在美国仍然有一批人坚持反对美国政府做任何事情来“拯救”美国的半导体产业。这批人中主要有：经济学家吉尔德、赛普勒斯半导体公司的坦率的高级经理罗吉斯，以及白宫的顾问理查德·达曼和迈克尔·博斯金。他们认为，无需拯救，只要对市场不加干涉，归根到底一切都会好起来的。其他人对这种论调提出挑战，认为这是自由市场的“狂热”。英特尔公司的主席安德鲁·葛洛夫甚至送给白宫一把小提琴，建议预算总监理查德·达曼在美国高技术产业被大火烧毁以后，可以再拉拉琴。

当华盛顿继续否决进行干预以帮助美国半导体产业，而宁愿在1992年把它的研究与开发经费花在“大科学”项目，如超导超级对撞机（5.34亿美元）和美国航空航天局的太空站（20亿美元）等上面的时候，在美国企图重新进入芯片竞赛的努力中，既传来了好消息，也传来了坏消息。国际商业机器公司和得克萨斯仪器公司在兆位存储芯片方面的地位相当不错，虽然日本的五大公司已将它们排斥到原有的位置上，美国仍然在最新式的微处理机方面稳稳当当占据着领先地位。时有消息传来说明美国公司在利润很高的专家芯片或定制芯片、电子可消除可编程只读存储器或“闪光存储”芯片和数字讯号处理芯片方面，干得很好，虽然并没有任何迹象表明美国将在标准存储芯片方面取得领先地位。在整个市场的份额方面，美国的芯片生产者在90年代初期回到了更接近日本人的地位，这比80年代美国市场份额迅速下降的情况要好得多。

值得美国人欣慰的是，在软件上美国依然保持着全世界领先的地位，并且从某种意义上讲，这种差距还在继续拉大。美国凭借着雄厚的教育基础和宽松的软件开发环境和机制，正将软件人才从全世界吸引到美国来。目前美国的软件厂商已经将操作系统、程序设计语言、数据库系统等几项最关键的技术牢牢掌握在手中，市场份额与技术领先程度都只能令对手望其项背。

3. 联盟与合作：欧洲信息产业发展的模式

欧洲人比较警觉，当日本人开始入侵欧洲的芯片市场时，欧洲信息产业界就采取了较之美国同行更为主动、广泛的联盟和联合机构，以携手对抗日本。

1985 年，德国的西门子公司和荷兰的菲利浦公司合伙，开始它们的“兆计划”。后来，作为仅有的另一个微型芯片产业欧洲主要角色的法国意大利合营企业——汤姆森公司，也参加了它们的行列。1989 年，欧洲亚微米硅联合项目取代了这个计划。同时，欧洲共同体以欧洲硅机构（或称 ES2）的形式创办了一家定制芯片企业。在对日本人的倾销（尽管关税已达 14.95）的一片谴责声和对欧洲的芯片贸易赤字不断增长的担忧发愁中，更多的联盟匆匆忙忙地形成了，例如普莱塞公司和尼克斯多夫公司，以及国际商业机器公司和西门子公司在 1991 年建立了联盟。

1995 年，许多欧洲信息技术公司决定同伙伴一起共同走向未来，兼并与联盟到达了一个前所未有的高度，而且合作伙伴开始向外扩展。这种情况的起因一方面是美国公司在欧洲寻求增强技术，另一方面欧洲人试图通过外国伙伴进入欧洲大陆以外的市场。据记录显示，1995 年全球信息工业中兼并与收购的数量为 2914 例，1994 年为 1861 例。在这方面所用资金为 1340 亿美元，1994 年为 905 亿美元，其中欧洲占有相当的数额，达 510 亿美元。1995 年欧洲出现的新的联姻公司为 1350 个，与 1994 年相比增长了 37%。预计，以后这种“联姻”趋势还将增强。

欧洲的电信服务公司在这种交易的数量方面虽然不是领先的，但它们为收购所付出的资金是最多的，仅在德国拿出的资金就占总金额（70 多亿美元）的 45.6%。重要的收购包括：美国电报电话公司（AT&T）收购菲利浦子公司 PKI 公司；ADSB 电信公司（Ameritech，新加坡电信公司和丹麦电信公司的联合体）以 35 亿美元收购比利时电信公司（Belgacom）等。电信大公司建立新关系的努力在 1996 年还将继续下去。预计随着法国电信公司和德国电信公司私有化的继续发展，以及东欧电信市场的逐步放开，肯定将出现更多的兼并行动。

在寻找伙伴方面仅就数量而言，软件公司占了最大部分，同时软件公司也在不断吸引硬件公司加盟。欧洲公司与美国或亚洲公司的联合引起了人们的关注。例如美国公司 ADP 以 4.6 亿美元收购了法国公司 GSI。不过，欧洲公司与美国或亚洲公司的联合仅占欧洲 1995 年出现的全部兼并与收购案例的 25%。同一国籍的伙伴关系的建立占多数（60%），其余的虽然越出了国界，但仍在欧洲大陆上。

据分析，非欧洲公司和欧洲公司之间的兼并，主要有两方面的考虑。在服务业方面主要意图在于通过新的伙伴来开拓市场或增强实力。产品制造商大都以购买技术为目的。当今，产品开发周期持续的时间长，为了不失掉市场机会，必须尽快接收新技术。

4. 亚洲新势力：中国台湾和韩国的信息产业

台湾信息工业经过十多年的经营，已建立起相当扎实的基础。尤其是近几年来，其发展速度和产业规模更令人瞩目。1995 年台湾省的计算机硬件、软件产品总产值为 213.1 亿美元，比 1994 年度的 159.83 亿美元增长了 33.3%。其中硬件产品产值为 196.7 亿美元，比 1994 年增长 34.9%。正如分析家预测的那样，这一产值在世界排名已超过德国，仅次于美国、日本，上升为第三大信息业硬件产地，增长率则居全球之冠。各单项产业如监视器、主机板、图像扫描仪、键盘、鼠标和开关电源等，在岛内外总产量都占市场的50%以上，居世界首位。另外，台湾出现了以宏基公司、神通公司为代表的跨国企业集团，以及像致福、光宝等专为国际知名厂商提供部件甚至是整套设备的大型、超大型制造商。

台湾信息工业成功发展的奥秘在哪里？根据国际权威调查机构分析，过去15年来台湾信息业之所以成功发展，可以归纳为以下因素。

台湾厂商对市场敏感程度极高，放眼世界，台商对市场的表现可能仅次于美国厂商。岛内信息厂商高层主管一年几乎有1/3的时间在海外访问和考察，他们对世界技术、产品发展和市场趋势比国际其他竞争同行有更多的关注。尤其是能充分利用全世界高科技领域华人的缜密信息网络，更提高了台商的竞争优势。

台湾有完整的零组件及上下游产业的外围环境。从台北到新竹构成了一个紧密的信息电子产业配套支援体系，设计及制造技术能力已具一定国际水平。资料显示，台湾个人计算机行业中，信息产品生命周期已大大缩短，完整的技术实力、精干的设计人员、高水平的制造及快速的供货能力，已成为企业成功的关键因素。

由于台湾地方当局确定信息工业为策略性主导产业，因而吸引了许多人才、资金和社会资源的投入，而这对于台湾信息产业的发展起到了相当大的作用。目前，台湾正围绕加强技术储备，提高管理层次，完善行销渠道来进行信息工业的调整，力争在未来十年里在若干个高附加值的领域取得像目前这样的优势。

韩国信息产业主要组成是半导体工业，其半导体工业基本控制在现代（DAIHOOD）、三星（SAMSUNG）、金星（LG）等几家大型跨国公司中。而且这几家大半导体公司主要集中在个人电脑的存储芯片（DRAM，也称动态存储器）上。虽然有些人对韩国这种集中绝大部分财力、物力和人力在一个方向上下功夫的做法有异议，但事实是韩国取得了巨大的成功。当年日本从美国手中夺走的存储器市场，今天又将被韩国人以迅雷不及掩耳之势夺走，被人称为韩国的“动态存储器（DRAM）奇迹”。

几乎是只要光看动态存储器一项，就可以认为韩国是世界半导体生产及出口大国，统计显示1990年出口额为45.4亿美元，1991年为56.6亿美元，1992年为68亿美元，1993年为70.3亿美元，1994年为129.8亿美元。1995年1~7月份，半导体出口创汇108.6亿美元，比上年同期猛增65.4%。

世界半导体市场的持续增长给韩国的半导体生产与出口创造了良好的机会。据世界半导体贸易统计（WSTS）机构的调查，1995年世界半导体市场将比上年增长40%，存储器市场将增长52%。计算机产量的增长使半导体供不应求。美国半导体协会发表的世界半导体市场BB率为1.22，即需求短缺22%，为1987年以来的最高值。据预测，世界半导体市场1995年及以后几年的需求情况是：1995年为1385亿美元，1996年为1560亿美元，1997年为1760亿美元，1998年为2028亿美元，1999年为2342亿美元。其中动态存储器的市场规模为：1995年445亿美元，1996年514亿美元，1997年584亿美元，1998年673亿美元，1999年779亿美元。这些半导体将被广泛应用于PC机、通信设备、多媒体产品以及汽车等产业机器上。

进入90年代，韩国半导体出口在世界市场需求旺盛的形势下，呈逐年大幅度增长趋势。例如半导体业预测，韩国1995年半导体出口额很可能达到210亿美元。从1994年开始，半导体成为韩国最重要的出口商品。半导体属于高技术、高附加值产品，韩国生产存储器半导体的技术已经成熟，并已经从中获得了巨大利益。在未来巨大利益的驱动下，韩国企业纷纷投入巨资，力争在未来竞争中占据主动地位。这方面的大动作有：

（1）现代电子1995年用于半导体的设备投资是16亿美元，用于在京畿道的利川市建设一座生产16M和64M动态存储器的工厂，计划1996年上半年投产。为此，目前正在加紧昼夜施工。另外，现代电子还从1995年开始至1997年，共计投资13亿美元在美国建造一座生产64M动态存储器的工厂，其产品主要向美国市场提供。

（2）三星电子从1995年开始，计划投资10亿美元在本土建造生产64M动态存储器的工厂，1997年前竣工投产。同时，三星电子还在酝酿在美国建造生产16M、64M动态存储器的工厂。

（3）金星（LG）半导体公司1995年用于半导体生产的设备投资为2.5亿美元，分别用于在清州市和龟尾市建造生产64M和256M动态存储器的工厂。从1996年开始直至2000年，金星公司每年将向半导体工业投资12亿美元。

除动态存储器这一项外，韩国企业目前也大力开拓其他领域，根据目前掌握的资料分析，在未来5至10年内，韩国企业很有可能在适用于消费类电子产品的处理芯片以及液晶显示器上取得成功，再次创造令世人震惊的奇迹。

5. 后来居上，大有作为：东南亚信息产业

在人们的传统认识中，东南亚以劳动力密集型产业著称。目前这一状况仍然存在，低廉的劳动力仍然是东南亚经济圈的重要优势。不过，这一切也在悄悄的变化中。就在近一两年，东南亚的信息产业悄然兴起，伴随着众多国际资本的注入，东南亚的信息产业已经开始初具规模。

新加坡在这个方面无疑走在前列。新加坡优越的环境和得天独厚的地理位置使得她成为众多欧美厂商进军亚洲的桥头堡。目

前世界第二大个人电脑公司苹果公司就将亚洲生产和研发总部设在新加坡，另外如国际商用机器公司、微软公司等均在新加坡有重要的业务。从目前来看，绝大部分的国际公司均将它们的亚洲总部设在新加坡或香港。另外新加坡本土的高技术公司也很出色，它们的突出代表就是占全球个人电脑多媒体外部设备制造首位的“创新公司”，目前个人电脑的多媒体外部设备标准就是由“创新公司”来制订的，这也是亚洲惟一能在个人电脑领域制订市场标准的公司。新加坡环境优美，劳动力素质相对提高，特别是李光耀提出的“新加坡智能岛”计划，在技术高度、实施策略上丝毫不逊色于美国政府的信息高速公路计划，甚至还早于日本的“真实世界计算计划”。可以说在这个方面，新加坡是走在了全球的前列。

马来西亚在信息产业发展方面也不甘落后，马来西亚信息产业的始作俑者是世界最大的两家硬盘制造厂商：昆腾（QUNTAUM）和希捷（SEAGATE）。这两家厂商在过去的5年内不断增资，而且它们获得的优厚回报也吸引了其他的厂商前往。目前马来西亚的优势在于吸引了一大批欧美中型企业前往，这些企业往往拥有较新的技术和美好的市场前景。马来西亚总理马哈蒂尔提出了在首都吉隆坡建设“智能多媒体走廊”的计划，该计划吸引了众多的软件厂商，特别是在数据库技术、多媒体技术方面有独到技术的公司来吉隆坡落户。从目前的状况来看，马来西亚极有可能成为下一轮以网络和通信技术为标志的信息竞争中的领先者。

说起亚洲的信息产业，不能不提及印度的软件产业。也许很难令人相信，印度是全球第二大软件出口国，仅次于美国。在分析印度软件产业因何发展迅速的原因时，一般普遍认为有两点：(1) 印度英语基础好，许多理工科大学生毕业后能直接开展国际交流，迅速与国际先进水平看齐，提高自身水平，发展软件出口。(2) 政府对其软件产业的大力支持。从一开始，印度政府就看到软件产业的诱人前景，大力从诸如政府采购政策、减免税政策、投入政策等方面对软件进行扶持。同时鼓励软件厂商大胆走出国门，寻找合作伙伴，参与国际市场的竞争。这样让印度的软件公司从技术上和管理上迅速赶超先进水平。这些做法正逐步获得回报，印度目前的软件业成为印度出口创汇的支柱产业之一。

除了以上几个东南亚实例外，中国、菲律宾等也有上佳表现。在接下来的篇幅中，我们很乐意向读者详细介绍目前还较少为人知，但前景甚佳的菲律宾信息产业的发展状况。

6. 电子领域新大陆：菲律宾

生活在马尼拉毗邻马卡提商业区拥挤的住宅区一带的居民，现在时常会看到不断有满载价值数百万美元电脑芯片的大货车驶离那里的停车场。英特尔公司前不久投资3.5亿美元的工厂就设在这里。这家著名的芯片制造商在全世界共有三处组装测试“奔腾”芯片的基地，这是其中之一。与此同时，在马尼拉以外的一个新开发的工业园区内，英特尔正用5.5亿美元开办另一座工厂以组装高档芯片。英特尔菲律宾制造公司总裁佩拉说：“菲律宾正在变成电子领域的新大陆。”

过去，菲律宾群岛给外界的印象是污浊、动荡、绑架案频发的是非之地，而今这一形象得以改观，她正悄然成为亚洲地区电子高科技产业中新的投资热点。从英特尔、宏基（Acer）到德州仪器（TI）和东芝，电子业的众多国际著名厂商正慷慨地将巨额资金投向这个东南亚岛国。在刚刚过去的两年间，外国电子企业的投资总额已达20亿美金。个中原因，在于该国政局稳定和基础设施的日臻完善。除此之外，很重要的一点，是这里有大批量廉价的通晓英文的工程师、技术员和技术工人。日、韩以及台湾地区的厂商已先后将菲律宾视为如新加坡、马来西亚一样的海外南亚市场的一部分。这些公司在那里源源不断地生产出各自的尖端产品，主要是卫星通信及更先进的自动化生产设备。

菲律宾的产业格局也在发生变化。一些菲律宾公司已成为国际企业集团的一部分。菲律宾正在生产制造领域推行世界级标准，迫使国内各公司改变过去一向对消费者提供劣质产品的做法。菲律宾电子业正致力于动画和 CD—ROM 产品的开发，力争使国家在亚洲技术版图上争得一个显著位置。

目前，电子业已成为菲律宾贸易的重要支柱，电子产品出口量在 1995 年跃升至 50%，达 75 亿美元，占所有商品出口量的 44%，超过了该国 1988 年全年的出口总额。随着越来越多的厂家生产规模的扩大，电子产品出口量在今年将超过 40%，占总出口量的一半。半导体电子工业基金会理事兼 Ayla 集团微电子集成公司主管费瑞尔先生断言“1996 将是一个丰收年”。政府在对 2000 年的展望中指出，电子出口贸易将至少翻三番。

菲律宾电子业一派明媚春光，总统拉莫斯可谓居功至伟。他 1992 年出任总统后，治理有方，政局安定，国内的种种不良顽疾得以根治，促进了经济的复苏和繁荣。以电讯、航空领域为突破口，雷厉风行地一扫弥漫其间的混乱沉闷之风气，打开了局面，使菲律宾成为外国投资者向往的麦加圣地。

从菲律宾南部赛班岛到北方游览胜地班格里奥（Baguio），到处都可以看到建筑工人在脚手架上忙碌地建造着一座座电子厂房及办公楼宇。在这个甘蔗林摇曳的热带多雨的岛国，正展现出一幅新工业区的瑰丽画卷，在马尼拉以南出现了一幢幢以赛百半导体（Cypress Semiconductor）、富士通、日立、英特尔字样为标志的崭新建筑；在苏比克湾，台湾正用 2400 万美元把这个曾是美国基地的地方改造为工业园。这里第一座宏基 1000 万美元的厂房宣告竣工，该公司的另一座 1 亿美元的工厂也在建造之中，另外38家台商也已在园内注册。苏比克司法部负责人说：“让我们发愁的是工业园还没有建成就已经‘客满’啦。”台湾一家最大的电子制造商官员说：“台商们正用热切的目光注视着菲律宾。”苏比克现有的交通运输网对台湾人很有诱惑力，例如这里的联邦快递公司需要的集线器，下午还在台湾宏基的工厂中，次日早晨产品已运抵宏基在菲律宾工厂内的仓库了。

不过，菲律宾最迷人之处显然是那里蕴藏着的劳动力资源。当台湾等地劳动力出现紧缺情况时，菲律宾总会及时提供。这些劳动力在台一干就是十年或更长时间。菲律宾每年大学毕业生有3.5万人之多，这在南亚国家是首屈一指的，并且不少英语专科学校的毕业生从事的是工厂里最基本的工作。英特尔付给录用人员的最低日薪是5美元，具有3年实践经验的工程师月薪为600美元。

凡此种种，都给菲律宾电子业带来了巨大影响。英特尔公司的佩拉先生对未来作了一番前瞻，提出菲律宾电子制造业发展速度将比世界市场快50%，虽然爱尔兰、瑞士也是吸引亚洲电子投资商的热土，但在许多公司看来，亚洲似乎更为重要，因为他们不愿远离自己的主顾。菲律宾工业贸易部调侃道：“投资者来到这儿一看，皆曰‘乐不思蜀’。”

自1990年以来，TI公司从菲律宾班格里奥（Baguio）运往亚洲各国的产品已经翻番。德州仪器（TI）与菲律宾还真有几分缘分。正是在这儿，它建成了世界上最具现代化水平的芯片加工厂，圆片被源源不断地发送到这里，生产出的芯片可用于手持、硬盘驱动器和笔记本电脑。德州仪器也属于在菲律宾投入上亿美元的厂商之一，极有可能生产出一流产品，其中包括测试芯片瑕疵的价值250万美元的机器。另一家工厂也在筹划当中。德州仪器最看重的是菲籍职员对报酬从不嫌低攀高、锱铢必较。德州仪器公司菲律宾分公司的总裁米卡（Mika）称他那里的2100名工人是他在德州仪器世界各地工厂工作29年所见过的“接受教育最好、最有素养的”。与菲律宾大多数电子工厂相仿，德州仪器要求职员必须持有高校文凭，即使是最基本的岗位也是一样。公司把工程师们派送到美国去培训，让他们在那里实际设计和检测工厂里生产出的产品。米卡预计今年的产量将跃升40%，比1995年最高产量高出25%。

菲律宾面临的挑战是如何从简单的、仅仅是组装和测试产品向更深层次进发。有迹象表明，这种转变已经开始，韩国一家芯片加工商，1989年时的最初来意是寻找廉价的劳动力，而如今其在菲律宾制造出的芯片的复杂程度丝毫不亚于其韩国本土工厂的产品，这说明菲律宾的生产能力已有长足提高。

同制造业情形相类似，菲律宾正成为一个服务业中心。宏基正在其苏比克湾的工厂建立一个全球性机构，现在那里有50名工程师，到年底时将会增加到目前的3倍。在苏比克湾从事电话生产的汤姆森公司（Thomson）正将菲律宾工程师送往美国深造，不久后，该公司在新加坡的许多设计工作将移至菲律宾。德州仪器公司称，在新加坡找不到愿意来苏比克工作的工程师。

自1989年起，NEC公司一年要在日本培训20名菲律宾工程师，然后把他们派返回国，在菲律宾本国NEC公司工作。东芝计划于4月份带领包括白领雇员在内的100人东渡扶桑，培训两三个月。东芝公司内务官员兼亚洲制造业资深管理人员称：“令人称奇的是，我们从菲律宾招聘来的毕业生就像是留美归来的人员。”

消费类电子业中无情的竞争迫使日商更迅速地到海外去投资建厂。东芝打算从年底开始在菲律宾的工厂批量生产可达到影院效果的CD光盘，东芝说在那里生产可节省20%的成本。

在菲律宾职员当中不乏有抱负之士，他们努力工作以获得更多本领，为自己今后去开创事业打下基础。政府有关积极引进多国资金的做法其良苦用心亦在于此。政府希望能吸引一个国际级公司来菲律宾开办大圆片制造厂，以进一步完善国内的产业结构，这就需要有更多的专家、工程师和设计师的参与。摩托罗拉菲律宾公司的总裁丹尼尔称“菲律宾电子业正呈现出良好的发展势头”，显然，其公司在当地也“呈现出良好的发展势头”。

菲律宾国内一部分公司正从外商的涌入中获益。Ionics Circuits公司公布了它与IBM、NEC、富士通和卡西欧计算机公司的合作，并宣布今年内开办两家新工厂，其雇员数将从6700人发展到年底的11000人，主管Lawrence C. Qua预计说，公司今年收入将增长50%，明年将翻番。Ayala集团微电子集成公司的收入也将翻倍，去年是4600万美元，眼下公司正尝试由原来的组装业务转移到生产打印机电路板上来。当然，能找出足够的根据去阐述菲律宾电子业的良辰美景为时尚早，它的基础还没有打牢。菲律宾的能源价格奇高，居亚洲之首，与其他竞争国家相比高出大约20~25%。在交通方面，也亟待发展。德州仪器菲律宾公司的总裁把当地的道路描述为“泥泞不堪”，他抱怨德州仪器公司每天从工厂运出的9吨货物要驶过240公里年久失修的道路，6个小时之后才能到达苏比克或者马尼拉机场。

政治局势也是令人关注的一个焦点。许多公司的经理们对将于1998年落实的总统提案表示满意，拉莫斯表示不再对该提案进行更改，国家还需要一个平稳性过渡时期。

周边发展中国家甚至起步较晚的小国也对菲律宾构成了竞争威胁，上文提到的汤姆森公司对中国的投资仅及他在菲律宾投资的一半。随着发展中国家基础设施的不断完善，包括教育体制的科学化和全面化，菲律宾的地位将会受到威胁。

在过去的20年里，电子产业曾是东亚一些国家崛起的尚方宝剑，那么现在，也到了菲律宾一鸣惊人的时候了。

7. 信息产业列强对中国市场的争夺

《洛杉矶时报》的一句话至今仍是西方信息产业界的名言："没有人能够忽视中国和她那庞大的市场。即便是这市场中较小的一角，在我们眼中仍然是庞然大物。"信息产业列强们念念不忘中国市场，80年代中国改革开放，外国公司开始进入中国市场。"列强们"一步步扩大在华市场，居然形成"逐鹿中国"的态势！

①序幕：愤怒的"苹果"

七八十年代之交，国外科学技术在我国已经受到认真而热情的欢迎，在那个年代来到古老东方土地的计算机，多半是用于科研、工程、军事、高级中枢管理等领域的大中型机和小型机。这时的国际潮流，是微电脑的迅猛发展，主要有两大巨头，美国的IBM公司和苹果公司，主要产品分别是IBM个人电脑和苹果电脑。

几年以后，这两家公司开始进入中国，进入普通的工商业领域，当时也就只有这两家公司，产品也只有这么两种。回想起来，那些最早来到中国销售电脑的外国人，不论在别人眼中还是他们自己看来，都是如同大沙漠中突然出现的几头野骆驼，是一道稀罕的风景。

由于苹果机的方便好用，于是，部分国内企业开始争相仿制，很快生产出了"小蜜蜂"、"紫金"等等，当然其中有点名气，又得到国家教委大力支持推广的，是"中华学习机"。虽然事后证明，国家教委此举搞错了战略方向，但中华学习机在中国流行一时的意义不可低估，可以说是今日家用电脑热的预演。大批青少年学生和青年职工学习"BASIC语言"，对于在我国普及计算机知识意义非凡。同时，它大量进入普通中小学，许多人正是最初从家中或学校里的中华学习机上开始自己计算机专家的人生道路的。但是，“中华学习机”是苹果机的直接仿制，当时中国人不理解何为“侵犯知识产权”。那时候的中国人和美国人缺少相同的思维角度，双方谈判很快陷入僵局，美国苹果公司愤怒之极，带着它们易学易用的产品退出了中国市场。

与此同时，IBM仿效当年柯达胶卷占领全球市场的战略，向全世界开放了它个人微电脑的生产标准，言下之义是主动放弃了“知识产权”。这是IBM极高明的一招，在东方的古老智慧中，这叫“欲擒故纵”，这也是专为打垮“苹果”而实施的战略，因为这样全世界都可以欣欣鼓舞地生产和使用IBM标准的个人微电脑了，苹果机的市场一落千丈，果然几年后，苹果公司接近破产。在著名的“苹果机”不明智地丢掉中国市场时，1985年6月，从生产医疗器械为主发展到生产IBM兼容电脑的美国惠普公司来到了中国，不久后“中国惠普”在这个东方最大的潜在电脑市场正式安营扎寨。

②从相安无事到国货溃败

那时的中国市场是三强同存，美国IBM、惠普，还有日本DEC公司。由于IBM更看重发达国家现实的市场效益，所以它在中国市场的全方位推动战略迟迟未出台；日本DEC也只是将个人电脑兼容机作为其小型机的配套终端在销售，对于较高层次的用户而言，中国进口个人微电脑的市场几乎成了“中国惠普”的独家天下。惠普在中国市场上，始终是温和的鸽派形象，实力不如前两强，所以尽量避免你死我活的商业冲突。

可是，改革开放时代，聪明的中国人绝不会无动于衷，国产微机企业开始诞生，而且能够紧跟着世界电脑产业发展的脚步前进。长城、浪潮、东海、联想、长白、长安、黄海等一大批国产IBM个人兼容电脑出现了。“长城0520”、“长城286”、“长城386”、“浪潮计算机”、“联想电脑”这样的词语常常以浑厚的男音，带着某种震撼力出现在每天晚上我们的眼前耳边。中国的微机生产进入了“战国时期”，可市场竞争并不激烈。一是因为国产货与进口原装或兼容电脑在技术档次和性能质量方面距离甚大，这就使双方在市场占有层次不同，免了许多血腥冲突；二是因为那个年代条块分割的宏观体制使大中型国营电脑企业划定了各自的市场领域，各享一方“风水宝地”。

相安无事的局面维持了短短的两三年。

80年代中后期，中国经济发展很快，企事业单位对微电脑的需求明显增加。国外个人电脑厂商很受鼓舞，开始试探性地“抢滩登陆”，在中国市场上纷纷加大销售力度。各种世界著名品牌的电脑在北京中关村、在其他大中城市的各种“中关村”、“类中关村”出现了，其中居然也不乏“水货”。中国的国产微机企业，在大好的市场形势下，却表现出“割据一方”、“知足长乐”的惰性。企业经营管理体制僵化，缺乏现代市场竞争意识，盲目惧洋不敢大胆创新，结果生产的产品质量不稳定、成本下不来、服务跟不上，而新产品开发严重迟滞，这如何与纷至沓来的洋人竞争！惰性入膏肓，很多曾经有名的国内电脑企业，干脆放弃自己产品的生产，全力替国外个人电脑厂商作销售代理，轻轻松松赚点钱。

刚刚发展起来的中国计算机产业迅速分化，国人刚刚熟悉的国产牌子绝大部分退隐了，只剩下了“长城”和“联想”在跟比他们强大得多的对手争斗。中国个人电脑市场局势开始向蓝眼睛白皮肤一边倒。

③稳稳当当，惠普名利双收

惠普在中国有着捷足先登的优势，它是最早认真开拓中国市场的国外大计算机公司。从进入中国起，惠普就采取稳扎稳打的措施，在总体战略上，树起准备长期作战的大旗，推行了有效的“条条块块”战略布局，发展各省区的国营大企业为其产品总代理商，划定经营区域，严格规定所有代理不准越地域销售。此招适应中国国情，对于惠普有效发展和控制中国市场产生了不可估量的作用。具体的战术实施上，惠普依靠其世界级个人微电脑、外部设备、工业及民用电子类仪器产品全线生产厂商的绝对有利条件，从一开始起就把提供系统集成式的全面配套服务作为其开发市场开展业务的先决条件，从潜在用户的咨询到协助用户配套产品进而帮助用户升级，从为用户提供单独的文字处理用个人微电脑到向用户提供全面的管理、设计制造应用系统集成，全都做得十分出色。在这里，它们具有两方面其他欧美大电脑公司不具备的优势——惠普不仅是个人兼容电脑制造厂商，也是集大小型机、工作站、服务器生产销售的著名全线产品厂商，还是生产打印机、扫描仪、绘图仪等外部设备的世界著名厂商。这种“全线计算机产品”厂商在当时中国并不发达的市场经济条件下具有特殊的别人无可替代的优势——用户可以只通过一家公司就解决他们的全部问题。另外，惠普代理都是地方国营大企业，本身保持兼容电脑的生产能力，用户如果经济拮据，则可以用此种国货与其他惠普产品配套，这等于向各种经济状况的用户都能提供产品。还有重要的一点，国营大企业在当时国人心目中是正规厂商，他们具有提供长期稳定服务的基本条件，比某些小厂商要可靠。

长期的打算、稳定的政策，使惠普公司在中国市场上名利双收，尤其是中高层用户，对惠普产品推崇备至。

④中低档市场，虹志（AST）公司的决胜场

1987年，美国虹志（AST）公司进入中国，在北京设立了办事处。这是继惠普之后第二家不是抱着试试看，而是准备以中国市场为事业发展重点的国外个人微电脑公司。虹志制订了一系列发展计划，将中国市场确定为世界上最重要的发展基地，开始了雄心勃勃的努力。

要占领中国的中低档微机市场奇难无比，虹志人员必须向毫无个人微电脑使用经验和知识的中国人，仔细讲解从个人微电脑技术发展史，到如何格式化磁盘乃至购买参考书一类的问题，还有他们必须培训维修服务人员掌握工作技能、形成良好的 AST 服务风范。为此，AST 在中国的创业人员简直操碎了心。

与惠普不同，虹志因为进入中国市场晚一些，其战略战术自然也就不大一样。它们没有采取“地方割据”的总体战略，而是实行了“大打人民战争”、全面开展“游击战术”的办法。虹志在中国市场上大量发展代理，只要具备基本的提供服务的能力，谁卖他的产品都可以，技术支持和总体服务则由 AST 中国公司来承担。虹志没有过多地考虑代理商的背景、“门第”、潜在素质等问题，这使其产品在中国遍地开花。同时，AST 中国公司及时和长期负责地向代理商和用户提供了维修替换和升级用的零部件，使产品始终能够在用户手中很好地发挥作用。直到今天，486 已经从市场上淘汰了，但 AST 中国公司的保税仓库里仍然备有大量的 286 部件，用来满足舍不得更新机器或无力更新机器的用户维修更换部件的需求，这是十分难能可贵的，也是虹志中国市场战略能够取得成功的诸多原因中重要一点。

天道酬勤，虹志终于敲开中国巨大的中低档微机市场，在 80 年代末成为中国个人微电脑市场稳稳当当的“大哥大”，同时，也在中国用户中赢得了相当高的声誉。问题并未到此结束，在 AST 成为中国个人微电脑市场销售冠军的同时，水货问题开始冲击 AST 中国公司的既成销售服务体系。中国市场的规律如此地有戏剧性，任何中低产品出名后，就会冒出许许多多的仿造品和伪造品，国人并不因为 AST 是洋名牌就放一马，而且变本加厉地给 AST 添点水货。

不过虹志倒不像苹果公司那样幼稚而气愤地退出中国市场，相反，AST 很懂中国国情，开始全面部署打假和避假。它给在中国大陆销售的 AST 微机打上不同的商标印记，并在配置方面稍稍异于世界其他地区销售的 AST 微机，大陆各个主要电脑市场上活跃有 AST 的法律代表。这样水货蔓延势头得到比较好的抑制，水货假货都没有对已经良好发育的中国 AST 个人电脑市场造成严重破坏。

与惠普和虹志不同，全球最大的计算机企业 IBM 在这一阶段未能在中国大展拳脚，主要还不是因为对中国市场不重视，而是 IBM 对全球个人微电脑市场都不够重视的结果。尽管 IBM 是个人微电脑的开创者，也同“苹果”打了几场硬仗，但它的市场重点是大中型机、小型机及大型中央集控系统。90 年代以前，IBM 在中国的大中小型机和工作站市场虽然是最重要的供应商，但由于冷战尚未结束，以审查限制向社会主义国家提供先进技术设备为己任的巴黎统筹委员会还在发挥作用，实际上 IBM 能够提供、同时中国市场又迫切需要的大型机产品不可能获准卖出，因此它的大型机战略在中国市场完全不能正常发挥，也导致了配套使用的个人微电脑类产品无法大量销售以形成规模市场效益。与此同时，80 年代后期，IBM 失败的微通道技术战略不仅在世界范围极为严重地影响了 IBM 个人微电脑产品市场，也在中国严重窒息了 IBM 个人电脑的基本竞争力——蓝色巨人在这个尚未发育起来的东方潜在市场力不从心。所以尽管 IBM 的威名在中国知识分子中如雷贯耳，这一时期的市场上却难得一睹尊容。

⑤ 美国康柏，不与国营企业往来

中国个人电脑市场“战国时代”的尾声高潮是由美国康柏公司主唱的。

美国康柏公司的微机和服务器最早是像今天满街烟摊上卖的洋烟一样，完全是通过走私渠道登陆于中国大陆。它们价格便宜、升级方便、造型美观、名声响亮，这些特点尤其令中国迅速成长起来的年轻电脑使用者倾心向往，他们已经不像父兄辈的计算机使用者那样给什么就用什么了，进一步的国家开放使他们能够同步了解到外面“精彩的电脑世界”里发生的一切。他们在众多的选择中有了自己的主张，使中国计算机市场开始出现流行时尚。美国康柏公司所有的技术性能特点当然是它吸引用户的重要方面，更加有吸引力的是它正在扫荡全球个人微电脑世界的企业魅力，这有点像史泰隆扮演的兰博一样粗犷豪放。

美国康柏公司不会放过如此有吸引力有发展前途的市场，它于1993年正式进入中国市场，恰逢AST、HP以及国产的联想、长城个人微电脑争雄正酣。

不能不提的是，90年代中国的经济形势大局已经发生了变化。曾经使惠普、AST在中国市场全面成功的战略战术已显现出过时之态，美国康柏公司必须另觅战略战术方针。

HP当年是依靠中国的地方大型国营微机企业建立自己的经营体制的，如今随着中国经济改革的深入发展，大型国营企业体制僵化运转不灵的特点开始暴露，而条块分割的市场战略也不再适合竞争白热化的市场现状。惠普虽然在市场有了极牢固的好影响，但面对后来者的竞争，惠普的市场占有率始终没有大增，它深深地为此苦恼；曾经带给AST巨大成功的“全面游击战术”也同样不再适合市场经济体制形成的后期阶段。大量地方中小企业在市场竞争加剧的时候，由于其短期思路的本质特征，表现出极大的离心力：它们总是在寻找着能够赚取更高利润的产品。正蜂拥进入中国的个人电脑厂商，在前期开拓市场时的“非盈利价格”，甚至“大补贴价格”、“大放血价格”对这些小经销商具有十分强烈的吸引力，尽管新品牌的市场建构实际上是非常费力气的，新代理的产品未必就一定能够给他们带来超过原主营产品的利润和真正可观的经营效益，大量的老牌AST代理商们（其中绝大部分正是靠着代理AST产品成就了今天这番气候的）开始频繁而躁动地改换门庭另投新主，或者明里暗中脚踩两只船乃至多只船。AST 的高层管理人员对此现象表示无可奈何的理解，“商业行为嘛当然是逐利而行的”，AST 联盟开始动摇，经营难度大大增加。

美国康柏公司正式进入中国市场的时候，中国的大型民营高科技产业已经初步发展起来，美国康柏公司的决策人员毫不犹豫地选择了依靠中国大型民营高科技企业作代理，发展中国市场的战略，它们选择了达因、傲能、海星等公司，依靠这些民营大企业有遍布全国的经销网点，有经验丰富的营销人员和专业技术人才，他们销售美国康柏公司的产品，得心应手。事实证明康柏策略是极为成功的。到 1994 年底为止，美国康柏公司实际上已经取代了 AST 成为中国个人微电脑市场整机销售量的第一名！这个过程仅仅用了一年时间。当然，这也和康柏公司在全世界个人微电脑市场、在美国这个全球最大的个人微电脑市场销售量冠军的地位和发展势头是一致的，合情合理也合乎逻辑。

关于国外大型微机公司切入中国个人微电脑市场的战略战术，还有一个小小的插曲不妨一提。1995 年 4 月，惠普中国公司的任亚伟先生谈起“地方割据政策”已经过时的话题，他说惠普已充分认识到了这个问题的严重性和紧迫性，正在积极寻求转变战略。在此一个月后，美国康柏公司中国公司总经理奚祖强先生再次强调了康柏选择中国总代理的原则：目前阶段只在大型民营高科技企业中选择，绝不考虑国营企业，因为旧有的体制使它们反应慢、效率低，根本无法适应市场变化的需要。

⑥ 美国人来势汹汹

康柏来中国之前的情形，只是“前市场经济状态”，是小打几仗的战国而非诸侯争霸的春秋。在康柏电脑大量进入中国后，个人微电脑市场才真正回归了“商场如战场”竞争本质。日渐微薄的利润迫使所有厂商露出它们的“青面獠牙”，各自要出市场高招，否则无法立足。应该承认，这才是真正的市场，才是实实在在的市场竞争。战国毕，春秋始。

90 年代的世界以更大的注意力关注中国。与美国康柏先后登陆的诸强，有美国德尔（Dell）、佰德（Packard Bell）、意大利“好利获得”（Olivetti）、日本东芝（Toshiba）、DEC 和 NEC、荷兰郁金香、中国台湾宏基（Acer）等。耐人寻味的是，当年愤而离去的“苹果”也回来了，还带来了名字怪但性能强的新一代电脑产品——“胶布雨衣”。“苹果”不惜工本大打广告，其费用远远超过了市场利润。苹果还全力筹划在中国开办生产“胶布雨衣”的合资企业。

IBM 调整了其世界产品战略结构。自然，中国市场被作为 IBM 未来发展的重要一环。IBM 与中国长城集团携手建了两个合资企业，使 IBM 产品大大中国化了，这一措施将高贵的 IBM 原装个人微电脑的价格降到了能够与美国康柏、AST、惠普竞争，甚至跟国产名牌机竞争的低点，同时，大规模的广告也使“蓝色巨人”声名远扬。

价格是争霸战的重头。惠普中国公司依据惠普的全球战略重点转移，也一再降价，形成和康柏对峙价格战的局面，并抵御宏基等新秀。惠普中国公司也提醒人们注意惠普电脑在中国长期的影响和优良的服务。

AST 多年以来以最优的性能价格比在中国用户心目中占据有利地位，如今仍在不断降价。大量看好中国市场发展前景的新厂商，还想拼命挤进中国大门，很明显，低价格是进门的金钥匙。

德州仪器（TI）的笔记本型电脑已经在中国的高档笔记本电脑市场成为 IBM 和东芝的最有力的竞争对手。Infohos 公司在美国的名声虽非极响，但在中国普通用户看来也是有特点的进口原装机，其经销商将其名称巧妙地译为“运逢喜事”，希冀用这种港台商人惯用的把戏来吸引顾客。优利公司（Unisys）从市场发展的角度扬长避短，将提供系统集成作为主要的市场切入点，并且和一家中国的大型电脑企业合资经营，瞄准中高档市场发起持续不断的冲击。

佰德公司（Packard Bell）在美国这两年的经营业绩像火箭一样扶摇直上，不仅 IBM、苹果这样的老牌微机龙头企业，甚至连康柏这般以超常速度发展的世界头号个人微电脑厂家也怯它三分。佰德公司是依靠直销在美国发迹的，纯依靠销售方式的优势而非技术和服务的优势，中国市场环境对它并不利，但佰德还是来了，广告攻势、代理攻势，毫不含糊。

⑦ **欧洲人姗姗来迟**

看到美国人在中国玩得这么火，欧洲人当然不甘心。意大利 Olivetti 公司匆匆闯进中国，受美国“运逢喜事”公司的启发，他们把自己的名字译成“好利获得”，音合意好，意大利人对此番的中国缘分庆幸不已。意大利“好利获得”公司最先的策略是“超级性能超级价格”，但看清市场态势后迅速大幅度降价，改变了初衷，看来，好利获得不如薄利多销。

西门子（Siemens）是中国人几十年前就十分熟悉的欧洲电器厂商，如今拿来了“西门子利多富”（Siemens Nixdorf）的微机和美国人较量。菲利浦（Pilips）同样是中国人早已熟知的老牌子，甚至在半个世纪前它就以自行车在中国人心目中建立了信任，如今它也将自己的微机拿到中国来了。这两家欧洲公司拿来中国的个人微电脑产品在 CPU 速度的档次和先进性上未必能够和美国人竞争，他们却独具慧眼把多媒体在家庭中的应用作为推销的招牌，这一着又比除康柏以外的所有美国公司都聪明一分。那些公司在中国市场还根本没有考虑多媒体的运用问题，它们对于个人微电脑进入中国家庭缺乏预见性。而且这两家欧洲公司也一再降低价格以跟进市场形势的发展变化。

⑧ **日本人谨慎小心**

日本公司的消费电器在中国市场有着天文数字般的销量，如今电脑这一项怎能甘心落后呢？日本富士通公司在英国建立了控股公司 ICL 公司（英国国际电脑公司）在芬兰和荷兰生产的 ICL 牌个人微电脑是悄悄来到中国的。许多地方的电脑商店打出了“原装英国电脑”的招牌。荷兰的“郁金香”来得最晚，因而似乎有着更为紧迫强烈的市场感，做起来也就比那三家欧洲公司冲动得多，它大张旗鼓地打广告、开新闻发布会，浩浩荡荡地将自己的产品带进了中国。

富士通大张旗鼓地将产品推进来了，NEC 大幅度调整其市场零售价格，竭力使其产品从原来的“超级高价机”形象转变为“高质廉价个人微电脑”的形象，这两家公司和夏普（Sharp）都在设法建立中国的合资或独资公司，日本公司处心积虑地培养和中国用户之间的“东方特色”的感情联系。

⑨ **港台也来凑热闹**

说起台湾的信息产业对大陆市场的进攻，大陆的个人电脑用户一定很熟悉，特别是广大的兼容机用户，谁都能一口气数出众多的台湾或香港的计算机配件，如计算机主板就有海洋(Octeck)、大众（LEO)、微星（Mocrostar)、华硕（ASUS)、技嘉(Gigabyte）等，显示器有 AOC、Envisision、EMC 等台湾名牌，甚至键盘、鼠标、驱动器等小的外部设备更是有众多知名或不知名的台湾产品以供选择。后来，台湾的整机也开始了向大陆市场的进攻。借助配件在大陆市场的良好声誉，个人电脑厂商如台湾的大众（LEO)、宏基（ACER）业绩颇为不凡，笔记本厂商如伦飞、恒升等也在不大的笔记本市场上占得一席之地，尤其是近年来在世界市场迅猛成长的台湾宏基（Acer）藉着同文同种的文化优势，浩浩荡荡开进大陆。现在市场上已经随处可见宏基那款颇受好评的墨绿色的“渴望”（Aspire）电脑。

90 年代以来，台湾厂商为了进一步扩大生产规模和降低生产成本，纷纷将眼光瞄准了大陆。他们开始时是与大陆合资办厂，如大众公司就先后在大陆投资数亿美元，建起了8个合资工厂，其主板业务的50%由大陆合资工厂完成。目前已经开始了将整机生产线迁至大陆的工作。目前广东省、福建省内的台湾计算机配件生产线逐渐增多就是一个明证。目前，大陆已经将键盘、鼠标生产的第一名从台湾手中夺走，如果将香港联想算作大陆厂商，那么在主板生产规模上大陆和台湾已经可以分庭抗礼了，显示器生产也同样出现了这样的势头。预计在未来较长的一段时间里，大陆、港台信息市场将出现共同的繁荣局面，成为一个颇具竞争力的区域。

⑩ **国货何在?**

在这样热闹的年景中，中国的国产微机企业当然是不甘拱手将市场送人的，起码自己还占有地利这一块优势。一部分有一定基础的厂商奋起反击。一方面是提高自己产品的档次和质量，力争在这方面与国外厂商一争高下，然后就是率先发动价格战，这方面联想、同创、长城都有上乘动作。现在则进入了以完善的售后服务来争用户的阶段，各大厂商纷纷完善自己的销售和售后服务网络，以争取在下一轮竞争中占领制高点。

在最开始，国货微机因为市场意识、产品质量和消费者观念等多方面的问题在外商面前败下阵来，一时间只有长城、联想两大厂商苦苦支撑，太极、王码、浪潮、长百等老牌劲旅则在市场上基本消失。好在中国计算机厂商及时调整思路，跟上技术发展的潮流，同时将从外商处学到的市场应变策略吃透、消化，再结合自己的地利、人和因素。在奔腾芯片诞生以后，同外商在同一起跑线上竞争，基本上夺回了大部分市场，确定了个人电脑今天群雄争霸的市场格局。

1995年可谓中国个人电脑市场的国货反击年，首先由联想电脑打响降价回报消费者的第一枪，随后杀出一匹黑马，这就是南京同创。同创借南京市雄厚的电子工业实力，厚积薄发，一上来就向当时尚属高档市场的586市场发动攻击，此举宣布了中国市场586时代的提前开始，一下打乱了许多国外厂商的阵脚。接下来老牌厂家长城公司推出融合IBM技术的“金长城”系列，并打响了以“千淘万漉虽辛苦，吹尽黄沙始到金”为口号的宣传战。1996年方正公司也加入到这一阵营中，虽有姗姗来迟之感，但方正公司良好的形象和知名度还是给该款微机带来不错的市场回报。1996、1997年国产电脑节节进逼，其实应该说是“收复失地”，紧紧抓住了多媒体热潮、网络热潮等多次机会，并联手顶住了外商的冲击。现在市场既定，格局已成，销售和服务网络初具规模，国产电脑更有信心在下一轮竞争中拔得头筹。用联想电脑的话来讲：论品牌，我们差距并不大；论质量，我们也不输给人家；论价格，我们比外商有优势；论服务，我们更是有优势！这样讲，怎么能不做得比外商好？

站在有目前这个位置，我们完全相信国产微机厂商能在国内市场占得头筹，不过切莫忘记了更为广阔的国际市场？谁来发动对国际市场的攻势真正创建中国的世界品牌呢？我们拭目以待。

⑪ 争霸战后的思考

国际上认为中国信息产业市场是最后和最有希望的宝地，纷纷到中国来。最近美国电子工业协会、美国软件协会和美国通信工业协会在中国建立美国信息产业组织驻北京办事处，美商务部副部长维克利也专程到京主持开幕仪式，说明其重要程度和向前看的态度。中国目前信息产业只占全球0.8%，只能说是一个潜在的市场。预计到2000年也不过1.6~2%左右，而到2010年可达8~10%，那时才是一个真正的大市场。15年时间并不算长，这一段时间是开拓市场的好时光。特别是在欧美日等国不大景气的时候，开拓市场至为重要，在一些国家中已出现大兼并、大改组、大合作的局面，中国也不可能例外。关键在于我们自己要争气，你有优势，我们也有优势，双方有互补的条件。你到中国来，我们因势寻求合作互利的途径。我们也到世界市场去冲浪，锻炼出在国际市场上竞争的本领，进入国际大循环，在这个小小寰球上争取到自己应有的地位。

现在国家宣布要进一步加快改革开放的步伐。1995年11月亚太经合组织会上，中国宣布大幅度降低进口税不低于30%，进一步开放市场。这个决定对计算机工业利大于弊，最大好处是占市场大份额的走私水货，因少利可能有所收敛，进口配套件价格也会下降，从而促进了竞争。当然外国计算机及软件也要乘势而入，使国内市场竞争加剧。但全世界因信息高速公路的热潮每年有500亿美元的新增市场，我们只要保证质量，利用优势，在OEM市场上是可以有所作为的，以后逐步提高，在高档产品方面进行角逐，韩国和中国台湾的经验是可以借鉴的。

没有改革开放就不可能进入国际大循环，就很难选择一个比较有利的政策。高科技变化如此快速，10年间差不多一切都要更新。过去那种闭关锁国什么都要干，小而全、大而全的办法，口号虽然喊得很响，但受到资金、技术、人才和市场的制约太大，只能够望洋兴叹。我们只能够抓重点，向有限目标发展。主要目标是不要和世界水平拉得太远，各自发挥自己的优势。这种:“有限目标，重点发展”的政策，对发展中国家是行之有效的。

为了加快开发速度，我们率先采用把产品开发机构派到国外去，收集信息、很快买到急需的配套件，以缩短和世界水平的差距的办法也是行之有效的。总之是乘国家改革开放的春风，及早与世界接轨，到国际大循环中去是正确的。反之，一切都和国外合营，一切都以代理外国产品为主，其弊端也是值得深思的。

回顾过去，道路曲折，何去何从，全靠自己；励精图治，生于忧患。

八

信息产业中的时代理念

1. 技术：国家的新财富

一个国家的财富，主要是由什么决定的？几百年来，经济学家们在这个问题上的看法不尽一致。19世纪以前，“财富”被认为是金银珠宝、奴隶仆役、领地领土等等。19世纪后，伴随资本主义的发展，经济学家们逐步意识到劳动和资本才是“财富的”主要源头，亚当·斯密在《国富论》中提到了这一点。金银珠宝等等都是“死”的，它们只是财富的储备形式，而劳动和资本是“活”的，它们在经济运作中可以不断增殖，所以是国家财富的源泉，这种思想影响至今。但是从20世纪初，这种思想得到了进一步发展，以德国经济学家熊彼特为代表的一些人，开始呼吁人们注意技术对于社会发展的意义。工业后起国接二连三地创造奇迹，这一现实使更多的经济学者关注技术创新理论，并渐渐形成共识：技术，正逐步地成为国家财富的主要源泉。

美国学者艾雷斯认为：“原材料产品和自然资源对国家财富的贡献，只占GNP总值的一个很小百分比，而且在继续变小。这主要是因为技术正在变成自然资源的替代物……财富主要来自于技术创新，而技术创新有赖于知识与信息，并不依赖于原材料的占有。”

以英特尔公司为例，它们的原材料是用之不竭的普通砂子，而经过高技术加工后，砂子中炼出硅，再高度提纯，最后制成电脑芯片。因为有了技术附加值，芯片单位重量的价格几倍于黄金。很多像英特尔这样的高技术公司，他们的事业创造了全美近1/4的国民生产总值，它们渐渐改变了美国的产业结构，深刻影响着整个世界，这是技术的魔力。

美国学者吉尔特谈到："多少世纪以来，国家致富是靠国土、财宝、奴隶和军队，而今天，蒸蒸日上的国家和公司，是思想和技术的主人，而不仅是土地和物质资源的主人。日本和其他资源匮乏的岛屿，已经是世界上经济增长最快的地方，电子业是世界上发展最快的主要产业……全球的通信网比全世界所有的超级运输船只能运载更多价值的货物。今天，财富不归于奴隶式劳动的统治者，而归于人类创造力的解放者。"

2. 创新：信息产业的灵魂

在高技术领域竞争空前激烈的情形下，昙花一现的企业是常见的。一种技术刚刚辉煌了一年半载，便被别人打了下去。把一个妙思变成有竞争力的商品是艰苦的，但更艰苦的是保持这一产品的领先地位，这有如逆水行舟，要靠不断的技术创新才能继续前行。

从众多事实中归纳出的一个简单理论，可以帮助我们明晰地理解技术创新的必要性。这就是"产品生命周期"理论。

这个理论实际上是说随着时间推移，一种产品的市场销售量发生从低到高，再降低的变化，技术创新后，市场销售量就再如此变化一次，如果不断创新，那么一种产品就会一个周期一个周期地在市场中时髦一阵，几个周期下来，就基本形成了不可小看的市场占有。而如果不搞技术创新，那么产品一般只能维持一个周期，即从产品引入市场，比普通同类品好一点，然后形成一定市场优势，进入自己的“市场旺季”，接着同类产品的技术创新赶上来，或者因为模仿、假冒、伪劣品的影响，它由盛而衰，最后竟逐步从市场上消亡。生活中，细心的人可以找出很多这样的例子，比如中华鳖精等等。

这启发我们，技术创新实际上决定了我们产品的生命。那么如何把握周期呢？进一步地，我们又发现，不同产品，生命周期长短是不一样的，一般而言，技术含量越高，生命周期相对更短些。锤子钉子的市场销售不会大起落，而技术含量高得多的家用电器，市场就有明显周期，当平面直角遥控技术出现的时候，一般彩电就进入销售的衰退期了，而电脑又比家用电器的生命周期短。所以有人讲：“炒什么都行，就是炒不得电脑。”为什么？因为今年上半年高价买的电脑，往往下半年就没那么值钱了，市场上又有了性能更好的又经过了“技术创新”的电脑。

当然，电脑的生命周期比时装还是长些，女人们的偏好真无定数，她们的“创新”速度超过了大多数微电子行业“标本创新”的速度！不过，这又是另一码事了，因为女人的心态，没有任何高技术含量。

北大方正曾创造的“世界第一”的中文电子出版系统，如今也面临这样的挑战。由于中文技术的开放，轮廓加参数描述方法的流行，以及计算机硬件的进步，海外的许多电子出版系统都能处理中文。两年前北大方正在处理速度和价格上还有些优势，今天就都谈不上了。

于是，方正技术部门，一直在紧张地实现技术创新。

1990 年，完成报社印刷厂从录入、组版、发排、动态打印、新华社电讯稿接收为一体的网络管理系统。

1991 年和 1992 年采用国际主流技术实现了报纸的远程传版，使我国报纸版面传输的信息量减少到通常传真的 1/50，《人民日报》通过卫星，平均两分钟就可向全国的省会城市传送完一页对开报纸版面。

紧接着又推出了方正彩色出版系统，首次实现了彩色图片和中文的合一处理，处理速度全球第一。马上，方正围绕新闻出版业务又推出了集管理、记账、排版和自动成页于一体的分类广告处理系统；又推出了可使记者告别纸与笔的采编流程管理系统。每一项技术创新成功，都使方正的业务规模增长一截。

当国际互联网被普遍看好的时候，方正就起步开发报业与国际互联网的联网应用系统。等互联网成为现实的潮流后，方正那些博士硕士们已在这一领域完成了整整4年的基础研究。产业优势来之不易。

众多的客户是创新的压力，又是动力。目前，许多海内外华文报业从排版软件到各类数据库都是北大方正的格式，技术的继承性使用户还会跟着方正走，但前提是方正总有创新的技术。香港明报总经理很满意方正的创新速度，称："我们不但买下了方正的今天，也买下了方正的明天。"

硅谷企业的经验也是这样，一旦占领市场，就集中力量把创新往前推，这种推进可与已有的市场优势形成良性循环：市场优势使科研投资比较容易回收，创新成果又反过来增强市场优势。北大方正每年仅开发费用就投入1000多万元，还有培训基地的费用，这么大的投资，摊到国内外几千家报社身上，相对成本就很低了。

现在，很多技术都开放了，比如任何一家公司，只要研究两三年，搞一个前端排版系统，就可以向方正挑战。因为字模和后端的排版系统都可以买到现成的。有人就尝试这么做，后来还是放弃了，因为难以追上方正的创新速度。

创新是高技术的生命之源，创新要靠投入、靠管理、靠运气，但最可靠的，是敢于自我否定的思想意识。

3. 产业潮流浩浩荡荡，顺之昌、逆之亡

在信息技术日新月异的今天，产业潮流对于信息企业的发展的重要性，说起来谁都明白，做起来却十分不易。

产业潮流同时充满了风险和机遇，特别需要经营者的创造性和预见性，而不是去消极被动地“跟”。在王安成为电脑巨人的时候，比尔·盖茨还是一个大学二年级的学生，他预见到了低成本的个人电脑与软件将带来“具有冲击性的影响”，投身软件行业终于独领风骚。而王安由于在开放时代到来之际仍固守“专用体系”的阵地，跟不上变革的脚步而陷入了困境。比尔·盖茨 20 年后谈起这一带有传奇色彩的创业历程时，庆幸“当初的远见”。他说：“假如当初王安早一日转向开放体系，就不会有今天的微软，我可能会成为一名律师，而不是软件企业家。”

60 年代，王安实验室以电子计算器发家。到了 70 年代，王安审时度势，毅然放弃电子计算器领域。开发了专用的文字处理机，风靡全美。进入 80 年代，面对开放的个人电脑时代，王安仍坚持老路，拒绝生产与 IBM 兼容的电脑，力图推广与别人都不兼容的主机、操作系统和王安网络，从而失去了市场机会，经营陷入被动。

80 年代四通公司的 M2401 打字机风靡一时，拥有国内 80% 的市场。遗憾的是当文字处理潮流已是台式电脑代替打字机时，四通却不肯让产品转型，终于被“一块小小的汉卡”冲得一塌糊涂（用于台式电脑的联想汉卡、巨人汉卡等）。而后，文字处理软件潮流又代替了汉卡，同样，一批固守汉卡市场的厂商最后狼狈不堪。

“物竞天择，适者生存”，产业潮流是客观的，也是残酷的。比尔·盖茨说：“要为变化做好准备，过去的成功并不能保证今天

的成功。”胜利，只钟情于那些善于技术创新而又顺应产业潮流的企业。

现在，许多人都关注着技术的进步、高技术产品的市场扩大等等问题。的确，这些都是重要的问题，但对它们的关注实际上或多或少地使我们忽略了它们背后所潜藏的产业潮流。中国的信息产业及其相关产品市场都刚刚启动，我们如果在第一步就不重视产业潮流，那势必为二三十年后的产业发展埋下巨大的隐患。

产业潮流的汹涌，在“技术标准”战场上体现得再清楚不过了。下面我们对此作些进一步了解。

100多年前，在美国南北战争期间，林肯总统签署了一个统一铁道轨距的法案，定全国标准轨距为4英尺8.5英寸，其他轨距（多数为5英尺）的铁路要拆毁重建。从工程学角度看，5英尺比4英尺8.5英寸更理想，因为铁路承载量可以更大，但这一标准轨距在工程上的意义远远小于它在政治上的意义：大多数要拆掉的5英尺轨距的铁路都在北方。路一拆，叛军的给养就过不来了。中国近现代也有位人物谙知此道，他就是军阀阎锡山。阎氏苦心经营山西几十年，省内铁道轨距与全国标准就不同，火车出省进省都得换轮子或干脆货物换车。有此一招，阎氏就牢牢地把握了山西全省的物资命脉，割据一方。

从这两个例子，我们已开始了解“技术标准”的重要性。美国斯坦福大学的经济学家布莱恩·阿瑟（Brian Arthur）对此方面作了一个有趣的研究。他发现：英文打字机和计算机键盘上的字母排列形式是一样的，左上角都是“QWERTY”的顺序，但实验表明，这种排列下，击键效率不是最高，而且如果用“DVORAK”的排列法，打字速度可提高10~30%。但厂商决不会生产后一种排列形式的键盘。阿瑟解释道，因为最初制定了键位排列的技术标准，长此以往，市场已经被它垄断，人们也逐步形成了适应它的击键习惯。“新式”键盘纵然效率高，也因“标准不同”

而不能生存。

在信息产业中，关于各种技术标准的明争暗斗，从来没有停止过。苹果公司创造了世界上第一台商业前景广阔的个人电脑，也创造了硅谷神话，但它在个人计算机工业技术标准争斗中却输给了老谋深算的IBM公司，苹果公司从此江河日下。苹果的失败却给了后来的微软公司以很好的启发，它顺从IBM的技术标准，并且将它开发出来的磁盘操作系统（DOS）以极低价向全球发售。微软不在乎目前的一点钱，它的目标是DOS成为新的技术标准。微软成功了，在以后的软件销售中，它上亿倍地收回了在DOS上的投资。

技术标准有法定标准和事实标准之分。国际上存在一些产业委员会，它们和政府部门一起制定的标准叫法定标准；而众多厂家通过激烈市场竞争，弱肉强食，最后形成的市场产品标准叫事实标准。从实体来看，法定标准简明，可以迅速避免厂家的巨额投资浪费，但法定标准可能并不是技术最优的标准，比如林肯的“4英尺8.5英寸”；相反，事实标准是技术与产业发展上最好的，但形成这么个标准，一定是几家欢迎几家愁。对于一些厂商来说，常常要在技术标准上“赌一把”，赌对了大发其财，赌错了，轻则技术落伍，重则倾家荡产。当然，也可以作“两面派”，比如目前，网络调制解调器的技术标准战斗正酣，两种制式互不相让、互不兼容，又各有实力，所以许多厂商宣布同时生产两种形式的调制解调器。对他们而言，不是“左右逢源”，而是无可奈何。据称，国际电信组织正在心急如焚地研究比较，争取在1998年初发布全球56K调制解调器标准，以稳定局面。

政府在规范技术标准中应该是有作为的。围绕高清晰度电视标准，5家大公司（Zenith、AT&T、汤姆森、通用仪器和飞利浦）各自开发系统，竞争了长达5年，谁也不服谁。最后，只好由克林顿政府出面做和事佬，联邦通信委员会综合各家之长，选择了美国市场的数字电视标准，使各公司都避免了巨大损失。

再回头来看中国。信息产业蒸蒸日上，信息市场潜力已显，我们的确应该审慎地选择适合潮流的技术标准。在各种 VCD 机广告铺天盖地之时，我们不能忘记这样的事实：几十个中国厂家一窝蜂地从国外引进了同样的机芯生产线，而这种数码技术在国际上是否成为主流还未知。试想，将来产业潮流变幻，这几十个厂家可能会面临销售困境，它们自身都没有 VCD 技术积累和开发能力，所以难怪要大作广告，早早赚钱收回投资。中国人这么辛苦，真正赚大钱的还是那些卖设备的洋人。这样的事情，在分析清了之后，多多少少都让国人觉得不舒坦。

另外，在数字无线通讯等等方面，我们也到了应审慎抉择的时刻。“聪明人应该借助产业标准，形成自己的竞争优势”。信息产业是聪明人的产业，我们若不加倍小心，就会吃大大的哑巴亏。

4. 成功，反为失败之母

“失败是成功之母”是熟知的至理名言。但是，在信息产业中，再成功的企业只要一两个重大失误，就有可能从此跟不上技术发展，甚至破产。

看看苹果公司创始人之一的史蒂夫·乔布斯的经历。他并不是一位真正的技术天才，却以敏锐的眼光预见了个人电脑的巨大市场。依靠几个技术天才和投资商的支持，也凭借个人努力和运气，1982 年乔布斯成为美国最年轻的亿万富翁。当时，里根总统称乔布斯是美国的英雄，这使有“硅谷狂夫”之称的乔布斯更加目中无人，在公司发展上再也听不进别人的意见，导致失误连连。最后，董事会忍无可忍，不得不在 1985 年把这位苹果公司的缔造者开除出苹果公司，当年乔布斯才 31 岁。以后他又另立门户，但无甚建树。

永远保持危机感是对付骄傲情绪的良药，这是英特尔公司长盛不衰的重要原因。总裁葛洛夫是来自匈牙利的犹太人，他的忧患意识特别重。有名言：“唯具有忧患意识，才能长存。”已经占了全球微电脑芯片市场80%的英特尔都充满危机感，这不能不让我们深思。

对于国内“吃皇粮”的科研单位，投资和决策失误倒可以用“付学费”之类的借口搪塞过去。但对于高新技术企业，尤其是实力还不够雄厚的企业而言，经历一次重大失败往往就没有财力再翻身。曾经那么辉煌的“巨人”集团。不也一病不起了嘛？信息产业里，失败难为成功之母，最多只能供后来者引以为训。

5. 企业文化的价值

关于美日中三国的企业作风，有一个耐人寻味的比喻：“下围棋”是日本人的做事方式，“打桥牌”是美国人的风格，“打麻将”则是某些中国人的作风。“下围棋”的方式是事事以大局为重。为了整体利益和最终成果甚至不惜局部弃子；“打桥牌”的风格则是与伙伴紧密合作，针对另外两家组成的联盟进行激烈竞争；“打麻将”则是孤军作战，“看住上家，防住下家，自己和不了，也不让别人和”。

从当年的王安电脑，可以看出国人的某些特质。王安深受儒家思想的影响，认为自己的成功很大程度上来源于中国的传统文化。的确他从儒家文化中吸收了不少精华，如行为节制、处事耐心，全面权衡和决策简要等。他宽待下属，并要求下属以“忠诚”回报。这些做法在创业时的确曾起过增加凝聚力的好作用。但80年代的王安已经60多岁了，面对迅猛发展的电脑技术已有点力不从心，而儒家文化中的封建意识开始膨胀。王安培植家族势力，最后被迫撤换总裁，这时王安公司已大伤元气。

当然，国人也不全在“打麻将”，60年代邓稼先领导的原子弹、氢弹理论部就集中了一批才华横溢的年轻人，他们团结奋战，用比国外更短的时间攻克了难关。但现实地看，中国不少高技术企业往往长不大，有点才能的人在一起，就常常合作不好，形成内耗。现任台湾中央研究院院长、诺贝尔奖金获得者李远哲先生，1990年11月在厦门举行的陈嘉庚奖颁奖仪式上曾说过：“中国大陆科学技术发展的土壤还不肥沃，应该使土壤肥沃起来。”

肥沃土壤，需要企业文化的浇灌。美国惠普公司，堪称此道典范。

1938年，威廉·惠利特（William Hewlett）和大卫·普卡德（David Packard）创立了惠普公司（他们以抛硬币的形式，决定了惠利特的名字在前面）。他俩从小到老，做了六七十年的铁杆哥们，也开创了一团和气的“惠普文化”。如今两位创始人已退休多年了，惠普文化却经久不衰。现在84岁的普卡德将他的管理哲学概括为：“挑选最佳员工，强调集体协作，激发第一精神。”这套思想听上去有点老套，但执行起来却无比奏效。为此，普卡德获得了美国企业管理的最高奖。

美国传统企业的管理思想来自于军事化的理念——构建等级体系实施控制，在业务活动前先大规模地调动人力、物力。这种理念是有渊源的，因为最早的美国大公司管理人员很多来自西点军校。惠普公司与其他美国公司截然不同，反对靠等级体系来推进业务，强调奉行人人平等精神，在竞争的压力下发挥才智，创造奇迹。惠普公司总部的办公室就与众不同，像一个明亮巨大的飞机库，没有封闭的单间办公室，办公桌之间用半人高的隔板分隔，两位总裁在正中间，惟一的不同是隔板高一点，并有百叶窗。休息时间，员工可以端着咖啡和总裁交流最新笑话，或者，两位总裁出来四处与职员聊聊。惠普极少裁员，即使经济不景气也不这样做，所以所有惠普人都尽心尽力，与公司同舟共济，惠普的人均劳动生产率在同行业高居第一。

56岁的刘易斯·普拉特（Lewis Platt）是现任首席执行官，他忠实地继承了惠普文化，从不谈及如何“经营”公司，他不认为他的工作是经营公司。他说：“我花了大量时间宣传价值观念，而不是制定公司发展战略。直到成为首席执行官后，我才意识到这样做的重要性，我开始告诉其他首席执行官价值观与单纯管理的效果是多么的不同。”普拉特认为，对企业文化的“管理”才是公司管理中至关重要的一步。明确了这一点，其他事情也就迎刃而解了。惠普的管理哲学与日本企业近似，但又兼有美国文化的锋芒，所以后来日本企业大举进攻美国高技术市场的时候，独独不敢进入惠普的业务领域，这就是深厚企业文化的震慑力。

“我们创造未来”是惠普的口号，它无处不在：T恤衫、咖啡杯、备忘录上都印着它。

惠普利润丰厚，每年都把利润的一大部分拿出来，为未来投资。1995年，惠普利润增加，它的研究开发经费也增加了14%，达20亿美元。这一数字占销售额的6%，几乎等价于纯利24亿美元。研究与开发的大量投资结出了累累硕果，1994～1995年推出的新产品占订单总量的70%。

在今天，惠普是衡量其他大公司的标准。普卡德在退休之际召开了一次新闻发布会。会上，一名记者问道：“您认为您最骄傲的时刻是什么时候?”谦逊的普卡德没有直截了当地回答这个问题，他迟疑了一下，然后说：“如果你努力去做一件有意义的事情，你会得到满足，这件事完成后，你应该忘掉它，着手开始新的工作；不要贪恋于任何成就，要勇往直前，创造出最佳的业绩。”

6. 中国计算机企业缺什么

我国计算机企业的外部环境不尽如人意，但为什么面对同样的外部环境，有的企业蒸蒸日上，有的却困难重重？中国计算机企业到底缺少什么？

①缺少直面市场的观念

1996年7月，曾以“百灵”品牌享誉市场的国有大企业福建计算机公司因资不抵债（债务高达9000多万元）而宣告破产，可是在重新安排职工就业的过程中，有关部门碰到的最大难题竟是许多职工依然对国有企业“情有独钟”，称“非效益好的国有企业不去”，险些使省劳动厅长愁白头发。“百灵”为什么破产，这就是答案。

南京一位从国有计算机企业“跳”到外企的经理经常把自己原来的企业介绍给外商。希望为“娘家”找到一个合作机会。遗憾的是，线牵了不少，却没有拴住一个。原因是这个企业总喜欢层层讨论，层层请示，决策太慢，把机会都放跑了。层层讨论是为了“民主”，层层请示是为了得到上级的支持，要一点贷款。殊不知，高科技产业日新月异，最忌讳“等”和“靠”。

市场经济讲的是自主经营，自负盈亏，企业必须树立起“自己救自己”的观念。

近年，张家港出名了，精神文明建设得好，观念也好。张家港银河电子集团（原计算机厂）在股份制改革中通过分给职工“干股”，投一分二（分给一万股，自己再买一万股，红利须用于再投入）的形式使职工的股份不断膨胀，以激励职工的主人翁精神。其他地方的计算机厂长、经理到此取经后，在叫好的同时又摇起头来：这种做法到我们那里怕就不行了。

观念本身就是一种力量巨大的社会环境，这种环境可以孕育促成一项好的改革，也可以把它扼杀在摇篮里。一些企业“等、靠、要”惯了，花很大劲帮它“扭亏”，发不出工资还是去找市长。政府部门现在也感到要转变观念了：不能只是一味地“扶贫”，要把重点放到寻找新的经济增长点，扶持那些最有生命力的企业上。

②缺少适应市场的管理

国家经贸委一位负责人不久前在接受中央电视台关于搞活大中型企业专题访谈时指出，我国亏损企业80%是因为管理不善。计算机产业是高风险产业，市场变化快，管理的难度就更大一些。

人们往往一提管理就是考勤、质量控制等，这些固然重要，但都是底层的、常规式的管理。这种管理靠制度就能解决问题。对计算机企业来说，最重要的是非常规管理——经营决策，把握方向，开拓市场。市场开拓要求人们敢于大胆设想，不能一味因循旧例。看看国际上一些大公司，许多重大决策都是打破常规的，转折关头尤其如此。比如，英特尔公司起家的产品是存储器，曾占有90%的市场，但当80年代日本厂商的侵入造成大滑坡时，英特尔毅然放弃存储器，专攻微处理器。正是这种出人意料的非常规决策，使英特尔赢来了今日微处理的霸主地位。

正确的决策是建立在对技术、对市场、对政策乃至对社会人文等因素的全方位的把握上。好产品及先进的技术不一定有好市场，市场潜力的开掘是多种因素作用的结果，它对企业决策有很高的要求。从整体上看，我国计算机企业在这方面的立意还不高，看得还不远。

高层次管理上的薄弱环节还是人才非正常流失的重要原因。人们常常谴责计算机圈子里的人爱跳槽，却忘了检讨一下“为什么留不住人才”。人才的去留在很大程度上取决于管理，取决于由管理所营造的企业环境、人事关系、文化氛围、利益分配等等。

管理和机制是不可分的。一些企业在管理上的拖拉、扯皮、随意，以及“谁都要管又谁都不负责任”等现象，与机制上的叠床架屋、职责不清、分合不当等有着直接关系。可以说，没有面向市场的机制，也就没有面向市场的管理。如今国家已经赋予了企业很大的自主权，管理机制的改革应主要由企业自己来解决。

③缺少高质量的企业家队伍

好企业须有好带头人。美国微软有比尔·盖茨，台湾宏基有施振荣。明星企业家创造了明星企业。这些年来，中国计算机企业出了一支有才干，有影响的企业家队伍，但与我国计算机产业的规模和发展要求相比，这支队伍的人数还太少，成就和威望也显不足。

涉足高风险的信息产业，称职的企业带头人须懂技术、懂管理、会用人，还要熟悉市场，关心时政，有一种对市场诸因素的综合驾驭能力。此外，胸怀、魄力，以及善于创新、勇于进取的素质也是不可少的。

苏南一位乡镇企业家，带领一个小厂从为别人做家电配套件起家，发展成一个颇具实力的企业集团。这位企业家为人耿直，有魄力也有事业心，有了家底便涉足电脑制造，满腔热情甩出100万美元引进了生产线。可惜他不熟悉相关技术和企业，摸不准合作渠道，致使生产任务不饱满，成本居高不下。有专家问及此事，与他切磋对策时，他坦言“许多问题我听不懂”，专家为此惋惜不已。

有的企业领导有文化也懂技术，但缺少魄力，或心胸狭窄。为官在任，看得最重的不是工作，而是自己的位子和面子，令下属们放不开手脚去工作，甚至话都不敢多说一句。有位年轻人对记者论：这种人“你给他权力，他是领导，有朝一日他不在位了，就什么都不是”。遗憾的是，在某些企业，尤其一些由上级委派干部的企业里，这种领导仍时有所见，有的还为数不少。还有一些经营者缺乏不断进取的精神，不能随时洞察市场走势，推出新的商战方略，不停顿地把企业推向更高的目标。

按管理学理论，企业家从来都是和“创新”联系在一起的。这些现象与企业家自身的素质有关，更与选择企业家的机制有关。经济学界人士认为，不是我国缺少成为企业家的能人，而是缺少企业家生长的机制。

这些年，国内陆续发展起一批很像样的计算机企业，可其中不少“出土拔节快，夭折也快”。问题多在企业高层，常见的故障是高层分裂。这些企业通常都缺少一个有强烈的事业心、责任感和决策能力，能凝聚部属闯市场的“一把手”。

说了这么多“缺什么”，并不意味着可以低估国内计算机企业的业绩。从整体上看，我们发展的速度和成就是前所未有的，即使在以上探讨的观念、管理、企业家这三个方面，也较之以往有了长足的长进。我们的问题是前进中的问题，是政府部门和多数企业已经察觉并正在着手解决的问题。随着改革开放的深入，中国已成为全球最有魅力的信息市场，国内信息企业的实力和环境也得到了很大的改善。只要我们正视存在的问题，事情就好办了。

九

信息技术与产业发展中的伦理问题

1. 信息革命对社会就业的影响

人类历史上技术的几次大变革都引发了产业结构的变革，从而使人们的工作方式和分工随之发生变化。比如，农业技术革命使女人采果男人狩猎变成了男耕女织；近代工业革命，产业工人出现。现代信息产业的发展，同样将影响人类的职业结构。

对于这种影响，有人悲观有人乐观。

悲观主义者认为，信息技术将排挤就业。早在80年代中期，美国《新闻周刊》就估计，1980年美国就业人数占总劳动力的28%，而到2000年，将降至11%，到2030年更降至3%。许多传统职业正在消失或萎缩，比如挤牛奶、打铁等等，而信息革命带来的新工作和职业，却远远少于减少的就业人数。拿1977年美国劳工部《职业名称辞典》同今天对照，竟发现已有约3500个职业不见了，而只新增有2100个职业。进一步讲，新增的职业往往对知识的要求相对更高，很难完全吸纳从旧行业退下来的失业者。90年代初，英国政府为提高印刷行业的质量和效率，准备大力推广新型的电子印刷设备，结果工会组织大规模游行示威，经过拉锯式谈判，工人战胜了新机器。一时的风波虽然平息了，以后怎么办？面对迟早来临的失业危机，普通工人们并不能总是这么幸运。

乐观主义者认为，信息革命的影响是利大于弊。首先，影响是渐进的，不会突发性地造成大量职业消失。从三大部门看，农业自动化从技术上看不太遥远，但农业的就业弹性也大；工业受了自动化技术较大的影响；在第三产业中，自动化刚刚起步，要相当长一段时间后才会影响广泛，而发达国家中恰恰第三产业是就业人数最多、发展最快的部门，所以只要信息革命不涤荡第三产业，悲观者所估计的大规模失业就不会出现。第二，信息技术将形成的新行业、新产业带动能力比老产业强，所以虽然职业名称少了，社会总就业量却扩大。就计算机行业而言，从1972年到1982年这10年间，美国计算机工业的职工人数就从14.5万人增加到35.1万人，大大带动了信息服务业的发展。比如从1980年到1990年，美国的计算机软件开发人员就增加了100万，同时社会生产效率提高了。

信息技术的渗透，导致了人们职业取向的转变。专家们曾预计，信息服务业将会是未来最大的产业。目前，美国的全部就业者中，已经有55%以上从事信息工作，超过了矿山、农业和制造业的就业总和。随着社会的发展，总是该有些职业要消亡、有些又必然新生的，这是社会新陈代谢的普遍规律。

2. 计算机犯罪——天才的恶作剧?

电脑系统日趋复杂，出错的机率也增大了。不久前，美国芝加哥一家银行出现了有史以来最大的一次电脑失误，它为该银行约800名储户的账户上多存入了763亿美元，这笔钱是该银行资产的6倍。25岁的费拉拉便是这次过路财神的客户之一，当他得知他银行户头存款余额高达7.24亿美元时，着实吓了一跳。不过没等他提款，银行便改正了错误。

电脑应该是难得出毛病的，毛病的出现若不是因为“病毒”，就是有“黑客”光临。

不久前，一位美国大学生出于好奇，编了一个名为“蠕虫”的病毒程序输入国际互联网，结果一夜之间使北美的大部分计算机网络阻塞而陷入瘫痪。“计算机病毒”是怎么回事呢？其实，病毒也是一种计算机程序，不过它比一般的程序要难编，需要懂许多计算机内部的深奥知识，所以一般是计算机高手的杰作。计算机病毒会自我保护、自我复制，而且会隐藏，会在一定条件下对计算机系统发动攻击。这些特点，都颇似生物病毒，故而得名。病毒的最初产生并无恶意，一对巴基斯坦兄弟辛辛苦苦开发了一种软件，他们怕别人盗版，就编了一段惩罚性的程序，原装软件被非法复制时，该程序就在复制品中“活了”。结果，人类有了第一次电脑病毒和第一批目瞪口呆的“中毒者”。

这段惩罚程序很具启发性，从此，计算机好手中就有了一批“病毒发烧友”，孜孜不倦地编出几万种病毒，有的攻击力高强，有的隐藏巧妙，有的淫秽下流，有的有政治倾向，千奇百怪；当然，有“病毒发烧友”，自然就有“杀毒发烧友”，现在的手段已经可以对付绝大部分病毒了。程序终归是程序，人们总有办法对付它。

有“毛病”的程序不足惧，有“毛病”的电脑迷就麻烦了。由于计算机网络的推广，尤其国际互联网的流行，产生了一种“活病毒”——“黑客”。这些黑客通常是些具有计算机天才的青年学生，一个著名黑客案例发生在前联邦德国，几名学生闯入了美国的军事计算机系统，为克格勃收集信息。他们的方法是先从联邦德国登录到日本，然后从日本登录到美国的一所大学，再从这所大学登录到军事系统。这种多次远程登录的方法使得抓获他们的人花费了相当长的时间。具有讽刺意味的是由于证据不足，黑客并没有被起诉。设想，如果伊拉克重金聘几个超级黑客，那海湾战争中就会要美国人的好看。

26年前，美国国防部创建了互联网，目的是在爆发核战时维持关键部门之间的通信联络。没想到26年后，它成了国家防务中最令人担心的薄弱环节。联邦调查局计算机犯罪小组的官员说，今天，当你发现有人闯入计算机系统时，你无法决定他是一个喜欢恶作剧的16岁少年，还是一个国外情报机关的间谍。美国由于计算机网络普及，又神秘内容多多，所以不少天才都以向美国计算机网络挑战为乐，更何况因为业务需要美国有500多家公司、银行和政府机构是不加密的系统。一位联邦调查局计算机犯罪小组的退休官员说："如果给我一个经过挑选的10人小组，我可以在90天内让这个国家瘫痪。"专家们惊呼："这是电子珍珠港！"

据美国国防部估计，1995年共发生企图侵入其非保密计算机系统的事件25万次，其中有16万次获得了成功。这些非保密的系统90%是军队的支持系统，包括人员记录、运输、采购等。它们一旦遭到攻击，就会使国防部无力部署军事行动。

信息战争和计算机恐怖主义的威胁不仅涉及国防部门，对民营和私营企业也是如此。两年前，一名闯入者成功地进入了纽约证券交易所的空调控制系统，只要他操纵空调给计算机房加热，就能毁掉计算机和其中的所有交易记录，还好这位黑客只是专程来给交易所经理开玩笑的，那位经理自然吓得面无人色。苹果公司的技术天才瓦慈，曾造出一个接在电话上就可以免掉话费的电子线路，他美滋滋地免费用了几万次，而且在电话公司的记录中痕迹全无。

恶作剧常常被人们当作笑谈，而基于电脑网络的计算机犯罪就不免让人严肃。因此，欧盟及美国针对计算机犯罪的立法从70年代开始，已有了相当大的进展，针对计算机病毒、计算机黑客行为、计算机经济间谍、计算机欺诈，在计算机知识产权保护、隐私权保护等方面，都有了相应的举措，在限制不正当内容传播方面的立法也有了进展。由于基于国际互联网的危害计算机信息安全的行为往往涉及多个国家，因此就这一问题展开国际合作也就越来越被人们所重视。中国科学院高能物理所，日前正式参加了美国能源部发起的国际互联网安全合作研究课题。

3. 国际互联网上的法律问题

国务院于1996年2月1日发布第195号令，规定国家对于国际互联网实行统筹规划、统一标准和分级管理的原则。用户必须通过“接入网络”，“接入网络”又必须经由国家批准设立的“互联网络”才能最终与国际互联网联网。“上网”的法律问题从此解决。可到了网上呢，在国际互联网上可以进行电子邮件的收发，可以随意发布信息，可以有办法使用对方的软件资源，这都孕育了新的法律问题。

①电子邮箱上的官司

1996年两名北大学子因电子邮箱上的纷争而爆发了一场历史性的诉讼。事情是这样的：心理学系某女生（原告）得到了美国一所名校的入学获准和全额奖学金，但最后的手续是需要她用电子邮件的形式，回答美国大学本人愿意接受该入学通知的奖学金，否则取消入学资格。赴美深造是她辛辛苦苦大学几年为之奋斗的目标，此番结果自是让她喜出望外。不料同窗好友（被告）知晓了，出于嫉妒，以原告的名义，先期给美国大学发了封电子邮件，撒谎说已经接受了另一所大学的入学资格和奖学金，谨谢好意云云。等原告与美国该大学联系时，对方已取消了其入学资格，奖学金也给了替补者。原告伤心之极，愤而诉诸法庭。

因为电子邮件发出会自动附上信箱地址，地址的主人只有一个，所以证据不难找。被告败诉后向原告赔偿了精神损失，同窗几年，却留下如此伤痕。美国大学得知此案后亦很惊讶，美国青年虽说也热衷于电脑恶作剧，但从未发生过此类偷偷摸摸毁人前程的事。文明古国的百年学府出此新闻，实在令人深思。还好，美国学校最终补录了原告。有意思的是，他们又给她额外添了点奖学金，既算精神补偿，更是褒扬她诉诸法律的勇气。

明白无误的不道德，在高科技外壳的包装下，此案众人瞩目。审理过程中，法官们也发现一些法律细节在推敲时可不像案情这么简单。比如：原告从国际互联网上获得，并存入自己电子邮箱的信息是否为她的一种个人财富？被告在浏览原告的电子邮件后，通过国际互联网使原告丧失了入学资格，该行为属于什么性质？它侵犯了原告哪些权利？诸此等等，用现行法律条文予以解释是有些牵强的。

②太自由的信息发布

国际互联网，使越来越多的企业或个人，可以方便地在国际互联网上建立和发布自己的信息资料，供其他人加以浏览和利用。可以预见，不法企业或个人也将乐意借助这种电子媒介进行诈骗，即通过网络发布虚假信息诱使他人与之订立合同，待钱财到手后溜之大吉。鉴于国际互联网的特点，案犯在网络上注明的交易地址与其实际营业场所或住所可以相差万里，从而使司法机关的追查变得异常艰难，这也是下世纪违法犯罪行为的一个新的和主要的特征。鉴于在网络上发布信息的方式多种多样，发布信息的组织或个人并非都要在工商及税务部门进行注册登记，对于他们所发布的信息及相应承担的责任如何进行监督管理，这又是一个挠头问题。

③难办的知识产权保护

国际互联网也给知识产权保护带来新的难题。例如在版权方面，设有位于同一个局域网中的三个用户甲、乙和丙。甲拥有一项软件的版权并将其装入自己的计算机中，乙未购买该软件，却通过网络偷偷调用它；丙在偷偷调用它的同时加以剖析，设计出相似的软件并申请了版权，其后还加以商业性推广。对于乙来说，他通过网络偷偷调用甲的软件不属于著作权中所称的复制行为；对于丙来说，在无证据的情形下，他可以声称申报版权的软件是自己独立开发出来的。由于版权保护作品的形式，不保护软件所蕴含的思想，也不排斥他人作出的相同或相似的独立设计，加之我国专利法对于单纯的计算机软件不授予专利权，因此对于乙和丙的上述行为，我国现行的知识产权法保护体系无力加以禁止。

还有，国际互联网网络作为未来高速公路的雏形，信息传输中的堵塞现象已成为日益突出的问题。那么对信息传输管理，诸如信道占用、传输优先等级等需有明确规定，并需完善信息发生堵塞时的疏导方法等。哎，国际互联网，真是“让我欢喜让我忧”。

4. 谁更聪明：计算机，还是人类？

1997 年 5 月，一场别开生面的国际象棋大赛全球瞩目：对弈的一方是 IBM 的超级电脑“深蓝”（Deep Bule），另一方则是国际象棋特级大师卡斯帕罗夫（Garry Kasparov）。“深蓝”是国际象棋系统的顶级产品，它的主要设计师是华裔科学家谭崇仁。卡斯帕罗夫是一位天才棋手，至今仍是毫无争议的国际象棋世界冠军。他们的较量之所以全球瞩目，是因为当卡斯帕罗夫坐在“深蓝”的对面时，他就成了人类智力的象征，棋赛结果“关系人类智力的尊严”。

这是第二次较量了。第一次是在 1996 年 2 月的美国费城举行的，结果虽是卡斯帕罗夫在 6 局对抗中以 4 胜打败了电脑，但赢得并不轻松。第一局开局，“深蓝”就给卡斯帕罗夫当头一棒。

它把自己的一个卒子推到了一个四面受敌的位置，这一着打乱了对手的布局，使其出现散兵，从而使对方“宫门”暴露。事后，卡斯帕罗夫明白了，“深蓝”每秒钟可以推想2亿种情况变化，它实际上已算出6步之后救卒的妙法，从而一举牵制对方，卡氏的首战就使人类的智力暂时受挫。

但是从失败中，卡斯帕罗夫敏锐地捕捉到了电脑棋手的弱点，即它的基本判断思路是斤斤计较于眼前得失。它虽然算得飞快，但它只有“常规思维”。于是，卡斯帕罗夫开始聪明地要赖了。他调整走法，走出了几步谨慎的怪招。这下子“深蓝”的“智力”不够用了，苦苦思索也未有妙应。卡斯帕罗夫说：“这可能是我的最大优势，我可以随机应变。但它不能。”颇具哲学意味的是，“聪明地要赖”在很多场合下，恰恰是人类智力的精华。

此后，IBM公司将“深蓝”不断改进与完善，设计师谭崇仁以东方人特有的智慧编制了一些精巧的分析算法，他努力使“深蓝”也具有机谋，换句话说，“深蓝”也要学会“聪明地要赖”和“随机应变”。结果，第二场较量下了三局收场，卡斯帕罗夫以1:2败北。有一局居然是在19步之后卡氏就认输。这不能不令关注这场赛事的人们大感困惑。事后，卡斯帕罗夫评论这场棋赛时说：在与深蓝下棋中，他看到了一种“粗鲁的智慧”，为此他“深感不安”。在这局比赛中，深蓝走出了几步“无上妙招”，令观战的卡尔波夫、肖特等著名的国际特级大师都拍案叫绝，也许这就是卡氏所言的“粗鲁的智慧”。现在棋赛已经结束了，但由此引发的讨论还在继续，话题已经由人工智能的技术问题延伸到机器与人的尊严的问题。

人是电脑的创造者，这身份使“人”荣耀。不过，令人担忧和尴尬的是，创造者怎么能与被创造者平起平坐呢？人们不遗余力地提高着电脑的“智商”，又心怀忐忑地注视着这个日渐强壮的孩子。我们很容易想到了一个中世纪的问题：“上帝能否造出一块自己搬不动的石头?”在信息时代，人们遇到的类似问题是，人类能否造出比人更聪明的电脑?下表是卡氏与“深蓝”的参数对照表，从中读者可以悟出些什么。

类　项	卡斯帕罗夫	IBM“深蓝”电脑
年龄(岁)	32	8
体重(Kg)	80	14000
出生地	阿塞拜疆	纽约
处理器	100亿个脑神经细胞	32个微处理器
推算速度	每秒2步	每秒2亿步
推算方法	大规模并行	中等规模并行
技术方法	直觉,经验	海量记忆,机械推理
国际象棋等级分	2775(人类最高分)	2450分(计算机最高分)

5. 计算机不能干什么?

人同计算机相比，记不住20个以上的电话号码，算不出高于三次的代数方程。这些，计算机都能做到。

在了解了信息革命对人类的巨大影响，以及计算机的“智慧”后，我们进而关心“计算机不能干什么”。

曾经有人这样精当地评论计算机：计算机可以显示出最精美的图形，却不能挥笔画出“向日葵”这样的名作；计算机可以演奏最复杂的音乐，却不能提笔谱写震撼人心的《命运》交响曲；计算机可以完成最复杂的计算，却不能猜一个简单的谜语；计算机可以存储并检索浩如烟海的文献，却不能理解《红楼梦》中林妹妹的心情。

电脑跟人脑相比，“能不能思考”恐怕是一个颇具魅力与争议的问题。一些标榜具有智能的这样那样的技术，严格地说是附加有条件的，并不是说当代的计算机已经具备了自主的思考能力。比如专家系统，现在好一点的专家系统使用神经元理论，用来解决一定程度上的自学习问题，系统大致可以示教再现，可以适应一些难度不超过阙值的环境；好一点的带模糊算法的计算机系统，可以从确定性问题转向某些非确定性问题。让电脑下国际象棋，在美国可以赢一个州的象棋冠军，它靠的是海量的记忆、累不死的快速推算，而不是只有人才具有的灵气和棋感。所以，这样那样的理论，其核心说到底是一个算法，是算法就免不了要量化，一量化本质上就带有一定的确定性。因而，“电脑的智能”一词是非常粗浅的，远非可以与人类智能比肩。

“计算机能不能思考”这个问题之所以在现在普及、推广、应用计算机技术的时候仍有其重要意义，就是它可以提醒人们，在惊叹计算机每秒数百万次运算、海量的外存、几十兆的内存，惊叹计算机的多媒体境界、虚拟现实技术、在国际互联网上漫游世界的同时，不要忘了它们仍是一个工具水平的东西。也就是说，计算机有它干不了的事情。

“计算机不能干什么”的问题，实际上是说，在开发、应用计算机时，不仅要对“计算机能干什么”有透彻的理解，对“计算机该干什么”和“该怎么干”要心中有数；更要咬定“人该干什么”、“人该怎么干”和“该用计算机来干什么”的问题不放松。否则的话，计算机就既可以用多媒体作声形并茂、生动形象的教学和培训，还可以传播“病毒”；计算机既可以使证券交易运作如飞，也可以让它顷刻之间毁于一“键”。换句话说，计算机能干什么和不能干什么，取决于使用计算机的人。

在第一次工业革命时期，曾经发生过产业工人捣毁机器的事，因为工人们认为是机器抢他们的饭碗。现在谈来似乎是笑话。在现代，以信息为特征、以计算机为工具的时代里，有没有这样的“笑话”呢？恐怕有。在大量的应用工作中，常常看到这样的公式：买机器，装软件；把数据送进去，把报表打出来。一些用户和开发人员误以为这就实现了计算机化，就算跨入了信息时代。其实这时候，他的系统已经“错位”了，因为计算机只能忠实地干好人分派给它的体力活儿，替人多记一些数据、多接收一些信息、算得快一些，而不能替人拿主意、定方案。有些应用部门的领导在上了计算机以后总要问：“我们干什么去?”也有的人高兴地预言计算机在替人干大量的活儿之后，人就有了更多的闲暇时间，该潇洒地尝尝“主人”的滋味了：“一切让计算机去干好了。”这恐怕是人类迷失了自我的体现。

计算机说到底是个工具。只要你想得对路，告诉它真实的数据，它一定不蒙骗你；计算机又是个很聪明的工具，你不一定要想得很全，如果你想不全，它会尽它所“知”，尽它所“能”地帮助你。正如控制论的创始人维纳在《人有人的用处——控制论和社会》一书中告诫我们的：“让我们记住，不管我们对于自动机之有无感情持何种看法，它在经济上完全和奴隶的劳动相当。”虽然“奴隶”一词让人听起来多少有些不舒服，但在维纳之后近四十年的今天，自动机的代表——计算机从本质上并没有摆脱作为机器的命运。但维纳万万没有想到的是，今天我们中的少数人却成了计算机的“奴隶”。

“计算机不能干什么”，一层意思是说，计算机在理论上就有其限度，如NP完备性问题和其他一些理论上不可解的问题；第二层意思是说，由于技术发展的时代特点，计算机现在还有不少事情它干不了；第三层意思是说，由于计算机的工具特点，它不能也不可能包办人的任何事情；第四层意思是说，不能用计算机来干坏事，比如传播黄色信息，做系统“黑客”什么的，不过这是个人的品质问题，不能归罪于计算机。

计算机是人类的好朋友，它善解人意又任劳任怨，计算机自己也不消费信息，消费信息的还是人。对我们来说，最要紧的是安安心心坐下来，转变自己的观念，和计算机做个相互理解的好朋友。

6. 国际互联网——真的让人“心手相连”?

国际互联网络是信息的载体，更是文化载体。人类的进步，一直伴随着各国各民族间的文化交流。互联网络在促进这些交流的同时也带来了一个令人担忧的问题，那就是西方发达国家对非英语国家的“文化渗透”。

国家互联网络发源于美国，这使得网络上的许多信息都来自美国。打开电脑，满目洋文，满眼都是美国。有人抱怨：“在互联网络上，美国文化独揽一切。”统计表明，目前国家互联网络上英语内容占90%，法语占5%，处于第三位的是西班牙语，只有2%。法国总统希拉克不无忧虑地说，互联网络本来是全世界共同的财富，现在却变成了盎格鲁—萨克逊人的天下。持类似观点的还有法国司法部部长雅克·图邦，他认为以英语占主导地位的互联网络是一种“新形式的殖民主义”。信息内容占第二位的法语国家尚且有如此抱怨，我们中国以及其他非英语国家和地区又该怎样评价这些呢?

不同民族的文化冲突，并不是现在才有，只不过由于互联网络的原因，文化冲突一下子被众多的人们所亲身感受到，所以一下子被许多人关注起来。我国有一位学者对此有深刻的论见：如果大部分的人都不得不借助非母语去思考问题，人类将损失多少先辈遗留下来的丰富文化遗产。从这个意义上讲，互联网络这个迅速发展的高科技宠儿，已经在逼迫所有非英语国家去重温都德的《最后一课》了。

汉字和中国文化在这场较量中难道就没有优势吗？北京师范大学林钧礼教授在一次接受《计算机世界》报记者采访时专门谈到了这个问题。林教授认为汉字具有的简洁、象形、音节少、音乐感强等特点，是英语所没有的。同样的一篇文章，用英语写出来要比汉语写出来要长，同时象形的特性容易激发人的联想，在文学创作方面有优势。汉字目前是世界上惟一的语素文字，具有表意性，能区分同音语素。最重要的是，中华民族5000年创造的汉字文化，是目前保留最为完整的文化之一，如果汉字不复存在，那么对人类文明的损失将是不可估量的。基于这些认识，林教授的结论是：随着信息化时代的发展，中国的文化和语言也要走向世界，中国的文字和文化必将在互联网络上占据一席之地。

有一位伟人说过，“只有民族的才是世界的”。国际互联网络的民族化问题得到了我国计算机学术界和产业界人士的关注，并采取了一些切实而富有成效的工作。近两年来，网上中文信息的开发工作明显加快了。目前国内互联网络服务提供商（ISP）对用户提供的网络界面已经全部中文化了，网络上的中文资源也逐渐多了起来。以“瀛海威时空”为代表的一批服务商明确地提出了“建设中国的百姓网”的口号。这个口号的实质是把中国老百姓关心的信息送到网络上去，把具有5000年光辉灿烂历史的中国文化发展到网络上去。“瀛海威时空”为此在1997年5月推出了一组大型信息精品——《网上中国》。整套节目有三个脉络：《共和国之根》、《民族之根》、《自然之根》，引起了各方面的强烈反响。

国际互联网络的民族化问题在经过多方面的讨论后，基本在以下四个方面统一了认识：

必须建立一个规范的、能为我国大众所接受的“中文信息平台”。目前我国互联网络的用户主要还是科研教育部门，互联网络向企业、个人推广还有很长的路要走。为了避免走弯路，构建规范的信息平台是关键。要考虑的问题还很多，包括：标准的中文应用系统环境、多种中文字体和编码规范、翻译机制、智能中文输入/输出界面等。

要在互联网络上抵御西方文化中的糟粕。国际互联网络这个巨大的信息库，包含着许多文化垃圾。特别是互联网络所坚持的“100%信息自由”，为文化无政府主义提供了滋长的土壤。目前互联网络上以色情、暴力、政治煽动和攻击为主要内容的站点不在少数。这些东西与中华民族的优良文化传统是不相容的。从社会主义精神文明的角度来讲，不应让这些糟粕流入中国。其他国家如新加坡、马来西亚等更是早早就开始筹建“信息海关”了。

要组织中国的信息资源上网。国际互联网络上的资源是全人类文化和智慧的结晶。中国起步较晚，目前在国际网上的我国信息还少得可怜，与文化大国的地位很不相称。中国要为互联网络的发展做出贡献，最好的办法就是在网络上弘扬悠久的中华文化，将我国蓬勃发展的社会主义事业状况、科技文化以及企业和产品信息推向世界。现在中国对世界的偏见越来越小，世界对中国的偏见依然很大，所以在互联网络上宣传中国，让世界了解中国很是必要。

大力扶植中国的互联网络产业。互联网络产业带动作用大，这些产业包括网络联接服务、网络信息组织与发布、网络软件、通信与网络设备等，一大批公司在这里找到了新的市场切入点，老牌公司也看到了新的机会。由于互联网络的兴起也就是这几年的事，中国与世界的差距还不很大，只要抓住机会，我们是完全可以有所作为的。台湾有个杨志远，他就是抓住了互联网络这个机遇，将许多网络站点的信息分类保存下来供用户检索。这就是著名的“雅虎”公司，一个在微软公司的巨大阴影下发展的企业。成立两年后，股市价值就超过了一亿美元，杨志远本人也成了一个新的传奇人物。

互联网络上的文化之争还刚刚开始，如何在互联网络上弘扬中国文化，将是一个长期而艰巨的任务。这样做的目的不是在提倡狭隘的民族主义，而是为了平等、自由的文化交流。衷心希望国家互联网能成为既融合各民族优秀文化于一体，又保留和弘扬文化个性的世界文化大舞台。

图书在版编目（CIP）数据

信息时代与信息产业 / 邓鸥，邓鹍著. —3 版. —太原：山西教育出版社，2015. 1
(科学前沿丛书/甘师俊，陈久金主编)
SBN 978-7-5440-5053-1

Ⅰ. ①控… Ⅱ. ①邓…②邓… Ⅲ. ①信息技术-普及读物
Ⅳ. ①G202-49

中国版本图书馆 CIP 数据核字（2011）第 182680 号

信息时代与信息产业

XIN XI SHI DAI YU XIN XI CHAN YE

责任编辑 郭志强
复　　审 薛海斌
终　　审 刘立平
装帧设计 王耀斌
印装监制 贾永胜

出版发行 山西出版传媒集团 · 山西教育出版社
（太原市水西门街馒头巷 7 号 电话：0351-4035711 邮编：030002）
印　　装 山西人民印刷有限责任公司
开　　本 850×1168 1/32
印　　张 7. 375
字　　数 178 千字
版　　次 2015 年 1 月第 3 版山西第 4 次印刷
印　　数 9001—12000 册
书　　号 ISBN 978-7-5440-5053-1
定　　价 14. 00 元